KB117839

포기했던 일본어 첫걸음
동사 49개로 끝내기

포기했던 일본어 첫걸음
동사 49개로 끝내기

지은이 넥서스콘텐츠개발팀
펴낸이 임상진
펴낸곳 (주)넥서스

초판 1쇄 발행 2006년 5월 10일
초판 5쇄 발행 2010년 10월 25일

2판 1쇄 발행 2017년 7월 20일
2판 4쇄 발행 2023년 8월 1일

출판신고 1992년 4월 3일 제311-2002-2호
주소 10880 경기도 파주시 지목로 5
전화 (02)330-5500 팩스 (02)330-5555

ISBN 979-11-6165-040-1 13740

출판사의 허락 없이 내용의 일부를
인용하거나 발췌하는 것을 금합니다.

가격은 뒤표지에 있습니다.
잘못 만들어진 책은 구입처에서 바꾸어 드립니다.

www.nexusbook.com

ME-TIME
BOOK

日本語

포기했던
일본어 첫걸음
동사 49개로 끝내기

넥서스콘텐츠개발팀 지음

넥서스

■ 이 책을 효과적으로 공부하는 법

1 히라가나, 가타카나 정도는 알고 일본어를 시작한다. 글자를 모르는 사람은 『골치아픈 히라가나 들으면서 끝내기』편을 한번 보고 이 책을 시작하는 게 좋다. 글자는 절대 외우지 말고 단어를 통해 자연스럽게 익히자.

2 일본어 문법을 겁내지 말자. 정말 별거 아닌 게 일본어 문법이다. 이 책에 나온 "슬렁슬렁 일본어 문법 읽어보기"를 아무 부담 없이 눈으로 읽고 넘어간다. 단, 정신은 바짝 차리고 정독하자.

3 일본어 문법은 동사만 정확히 잡으면 된다. 본문을 시작함과 동시에 동사의 활용편이 시작되므로 술술 읽으면서 넘어간다. 동사 한 개씩 넘어갈 때마다 활용이 계속 반복되고, 재미있는 다이얼로그를 통해 재확인하면 동사의 구조가 저절로 머릿속에 들어간다.

4 한 동사를 한 번 정독한 다음에는 책을 덮고, MP3를 통해 현지인의 정확한 발음을 따라하고 흉내 내면서 동사활용을 내 것으로 만든다.

5 5개 동사가 끝날 때마다 나오는 Check Time은 해답과 앞 페이지를 절대 보지 말고 반드시 스스로 풀어본다.

6 49개의 동사가 끝나면 MP3만 들으면서 듣기 연습을 반복한다. 그런 다음 책 맨 처음에 나오는 문법편을 다시 한번 읽어보면 일본어 문법이 정말 보이기 시작한다. 나머지는 본문의 다이얼로그를 반복하면서 자연스러운 회화 연습을 한다.

여는글

많은 사람들이 일본어를 배우고 싶어하고 실제로 책을 사서 혼자서 일본어를 공부한다. 그리고 많은 사람들이 얼마 안 가서 그야말로 쉽게 포기한다. 포기하는 이유는 여러 가지가 있다. 시간도 없고, 혼자서 이해하기 어렵고 생각처럼 쉽게 늘지 않아서 등등.

어느 언어나 마찬가지지만 단시일 내에 잘할 수는 없다. 물론 일본어가 영어나 다른 언어보다 배우기 쉬운 건 사실이다. 아는 한자도 많이 나오고, 어순도 같고, 가까운 나라여서 자료도 많고 재미있는 볼거리도 많고. 그런데 다들 왜 쉽게 포기해버리는 걸까? 그건 아마도 수많은 책들이 쉬운 걸 너무 어렵게 설명하고 있어서는 아닐까? 일본어 학습자에게 일본어 공부를 하면서 무엇이 가장 힘드냐고 물어보면 대부분 동사의 활용부분이 어렵다고 대답한다. 그렇다, 일본어 문법이 어려운 이유는 아마 동사의 활용부분 때문일 것이다. 낯선 용어들과 복잡해보이는 어미변화, 게다가 설명조차도 너무 어렵게 서술되어 있다.

이 책은 그런 초보 학습자들의 고충을 덜어주기 위해 만들어진 책이다. 군더더기는 모두 없애버렸다. 진짜 꼭 필요한 문법만을 다루었고, 동사의 활용을 집중적으로 연습시켜준다. 시중의 어느 문법책을 보아도 이 책만큼 동사부분을 집중적으로 다룬 책은 없다. 실제로 가장 절실하게 필요한 부분인데도 말이다. 일본어 문법 중에서 동사부분을 정확히 이해했다면 일본어 문법의 80%는 성공적으로 이해했다고 보아도 좋을 것이다. 동사만 정확히 알고 나면 회화를 하든 문법책을 보든 나머지는 어려울 게 없기 때문이다. 남은 과제라면 어휘력을 늘려 보다 수준 높은 대화를 구사하는 일이다.

글자만 아는 왕초보자들이라면 이 책을 공부하는 동안 일본어 동사의 구조가 저절로 머릿속에 들어갈 것이다. 49개의 동사를 익히는 동안 활용이 저절로 입에 베고 문법의 구조가 보이기 시작한다. 남은 과제는 다이얼로그를 MP3를 통해 듣고 따라하기를 반복하면서 일본어답게 구사하는 연습을 하는 일이다.

작고 스마트하지만 이 책을 끝낸 학습자라면 어느 두꺼운 일본어 입문서를 끝낸 만큼의 효과를 볼 수 있으며, 일본어에 자신감을 가질 수 있을 것이다. 언어는 무엇보다 자신감이다. 구조를 터득했다면 남은 것은 자신 있게 말해보는 것뿐이다.

이 책의 구성

슬렁슬렁 일본어 문법 읽어보기

이 코너는 초스피드 일본어 문법 살펴보기이다. 각 품사별로 우리말과 대입시켜 어떻게 다른지 비교해가면서 공부할 수 있게 꾸며놓았다. 우리말처럼 쉬운 명사, 형용사의 종류가 하나 더 있는 일본어 형용사, 어순이 같아 더 쉬운 일본어 조사, 그리고 마지막으로 본격적인 공부에 앞서 일본어 동사에 대해 간단히 맛보고 넘어갈 수 있게 구성되어 있다.

본문

동사 활용 49개의 동사를 하나하나 잡아내어 활용하는 형태를 자세히 풀어놓았다. 49개를 공부하는 동안 누구나 일본어 동사의 활용이 저절로 머릿속에 들어간다.

다이얼로그 동사 1개마다 4개의 다이얼로그를 만들어 일본어 동사의 활용을 다시 한번 확인시켜준다. 짧지만 재미있고 재치있는 일본어 대화를 통해 자연스런 일본어 회화를 익힐 수 있다.

어휘확인 다이얼로그에 나온 새로운 단어나 문법적인 사항을 짚고 넘어갈 수 있다.

Check Time 본문의 동사 활용과 다이얼로그를 다시 한번 확인해볼 수 있는 기회이다. 문제를 풀면서 확실히 자기 것으로 만든다. 해답을 보지 말고 <u>스스로 풀어보자</u>.

일본어 실력을 쑥쑥 키워주는 단어들

본문에 나와 있는 단어나 관용어구, 동사를 다시 한번 재확인한다. 그리고 많이 사용하는 형용사들을 따로 정리해두었으며, 일본어회화에 꼭 필요한 조수사나 기타 요일, 계절, 시간, 가족 등을 일컫는 단어를 정리했다. 어휘력을 높일 수 있는 코너이므로 들고 다니면서 잘 활용한다.

CONTENTS

2. 일본어 동사 본격 플레이

슬렁슬렁
일본어 문법 읽어보기

히라가나

	あ행	か행	さ행	た행	な행	は행	ま행	や행	ら행	わ행	
あ단	あ a	か ka	さ sa	た ta	な na	は ha	ま ma	や ya	ら ra	わ wa	ん n
い단	い i	き ki	し shi	ち chi	に ni	ひ hi	み mi		り ri		
う단	う u	く ku	す su	つ tsu	ぬ nu	ふ fu	む mu	ゆ yu	る ru		
え단	え e	け ke	せ se	て te	ね ne	へ he	め me		れ re		
お단	お o	こ ko	そ so	と to	の no	ほ ho	も mo	よ yo	ろ ro	を wo	

가타카나

	あ행	か행	さ행	た행	な행	は행	ま행	や행	ら행	わ행	
あ단	ア a	カ ka	サ sa	タ ta	ナ na	ハ ha	マ ma	ヤ ya	ラ ra	ワ wa	ン n
い단	イ i	キ ki	シ shi	チ chi	ニ ni	ヒ hi	ミ mi		リ ri		
う단	ウ u	ク ku	ス su	ツ tsu	ヌ nu	フ fu	ム mu	ユ yu	ル ru		
え단	エ e	ケ ke	セ se	テ te	ネ ne	ヘ he	メ me		レ re		
お단	オ o	コ ko	ソ so	ト to	ノ no	ホ ho	モ mo	ヨ yo	ロ ro	ヲ wo	

[명사]

- **명사 뒤에 だ(이다)와 です(입니다)만 붙이면 해결된다**

  꽃이다 → 꽃 + 이다　はな(꽃) + だ → はなだ

  사과다 → 사과 + 다　りんご(사과) + だ → りんごだ

  꽃입니다 → 꽃 + 입니다　はな + です → はなです

  사과입니다 → 사과 + 입니다　りんご + です → りんごです

- **과거형으로 말하고 싶을 때는 だった(이었다), でした(이었습니다)를 붙인다**

  꽃이었다 → 꽃 + 이었다　はな + だった → はなだった

  사과였다 → 사과 + 였다　りんご + だった → りんごだった

  꽃이었습니다 → 꽃 + 이었습니다　はな + でした → はなでした

  사과였습니다 → 사과 + 였습니다　りんご + でした → りんごでした

- **부정하고 싶을 때는 ではない(이 아니다), では ありません＝ではないです(이 아닙니다)를 붙인다**

  꽃이 아니다 → 꽃 + 이 아니다

  はな + ではない → はなではない

사과가 아니다 → 사과 + 가 아니다
りんご + ではない → りんごではない

꽃이 아닙니다 → 꽃 + 이 아닙니다
はな + ではありません → はなではありません
はな + ではないです → はなではないです

사과가 아닙니다 → 사과 + 가 아닙니다
りんご + ではありません → りんごではありません
りんご + ではないです → りんごではないです

- **과거형은 ではなかった(이 아니었다), では ありませんでした＝では なかったです(이 아니었습니다)를 붙인다**

꽃이 아니었다 → 꽃 + 이 아니었다
はな + ではなかった → はなではなかった

사과가 아니었다 → 사과 + 가 아니었다
りんご + ではなかった → りんごではなかった

꽃이 아니었습니다 → 꽃 + 이 아니었습니다
はな + ではありませんでした → はなではありませんでした
はな + ではなかったです → はなではなかったです

사과가 아니었습니다 → 사과 + 가 아니었습니다
りんご + ではありませんでした → りんごではありませんでした
りんご + ではなかったです → りんごではなかったです

- **연결형을 만들고 싶을 때는 끝에 で만 붙이면 된다**

꽃이고 → 꽃 + 이고　はなで → はな + で

사과이고 → 사과 + 이고　りんごで → りんご + で

■ 의문형을 만들고 싶을 때는 끝에 か만 붙이면 된다

꽃입니까 → 꽃 + 입니까 はな + ですか → はなですか

사과입니까 → 사과 + 입니까 りんご + ですか → りんごですか

꽃이었습니까 → 꽃 + 이었습니까 はな + でしたか → はなでしたか

사과였습니까 → 사과 + 였습니까 りんご + でしたか → りんごでしたか

꽃이 아닙니까

はな + ではありませんか → はなではありませんか
はな + ではないですか → はなではないですか

사과가 아닙니까

りんご + ではありませんか → りんごではありませんか
りんご + ではないですか → りんごではないですか

꽃이 아니었습니까

はな + ではありませんでしたか → はなではありませんでしたか
はな + ではなかったですか → はなではなかったですか

사과가 아니었습니까

りんご + ではありませんでしたか → りんごではありませんでしたか
りんご + ではなかったですか → りんごではなかったですか

■ 명사와 명사를 연결할 때는 명사와 명사 사이에 の(의)를 넣는다

사과 + 꽃 → 사과꽃 りんご + の + はな → りんごのはな

우리말은 명사와 명사를 연결할 때 바로 연결하면 되지만 일본어는 항상
の를 붙인다는 것 알고 있어야 합니다. 예를 들어 "일본어책"이라 하면
우리말은 그대로 되지만 일본어는 "일본어(にほんご)의 책(ほん) → にほ
んごのほん"이 된다는 뜻입니다.

공손 → です(입니다)

반말 → だ(다)

부정 → ではない(아니다)

과거부정 → ではなかった(아니었다)

반말과거 → だった(이었다)

공손과거 → でした(이었습니다)

공손의문 → ですか(입니까)

공손과거의문 → でしたか(이었습니까)

공손부정 → では ありません(아닙니다)

공손부정과거 → ではありませんでした(아니었습니다)

공손부정의문 → ではありませんか(아닙니까)

공손부정과거의문 → ではありませんでしたか(아니었습니까)

연결형 → で(이고, 이어서, 이니)

장황하게 늘어놓은 느낌이 들지만 가볍게 한번씩 읽으면 누구나 이해할 수 있을 것입니다. 실제로 위의 색 부분만을 기억하면 되니까 겁먹지 마세요.

이로써 명사 부분에 관한 것을 배웠습니다. 남은 것은 명사에 대한 어휘력만 키우면 어떤 문장이든지 만들 수 있습니다.

[형용사]

일본어의 형용사도 우리말과 거의 같다고 생각하면 됩니다. 좀 다른 면이 있다면 형용사의 종류가 하나 더 있다는 거죠. 일반적으로 우리가 말하는 형용사는 어미가 い로 끝나는 형용사, 이것을 일본어에서는 い형용사라 부릅니다. 또 하나는 な형용사로 어미가 だ로 끝납니다. 왜 な가 아닌 だ인지 궁금하시죠? 그건 활용하는 형태 때문에 그렇게 불립니다. い형용사는 수식할 때 어미 い를 그대로 가지고 수식하지만 な형용사는 어미 だ가 な로 바뀝니다. 그래서 な형용사라 불리죠. 이 な형용사는 일명 형용동사라고 불리기도 합니다.

그럼 い형용사와 な형용사에 대해 간단히 배워보겠습니다.

い형용사

おおきい (크다)　　　　　　かわいい (귀엽다)

■ **명사를 수식할 때는 원형이 그대로 사용된다**

우리말에서는 "큰 사과"로 표현할 때 형용사 "크다"를 그대로 사용할 수 없지만 일본어는 그대로 사용할 수 있습니다. 즉, 우리말은 [크다+사과 → 큰 사과]가 되지만 일본어는 수식할 때도 변화 없이 그대로 수식할 수 있습니다.

큰 사과 おおきい + りんご → おおきい りんご

예쁜 꽃 かわいい + はな → かわいい はな

그럼 이번에 "큰 사과다"라고 표현하려면 어떻게 할까요? 앞에서 배웠죠.

큰 사과다 → おおきい りんごだ

귀여운 꽃이다 → かわいい はなだ

■ 부정형을 만들 때는 어미 い → く로 바꾼 뒤 ない(ありません)를 붙인다

크지 않다 → おおきい + ない가 그대로 연결되면 좋겠지만 이럴 때는 형용사 어미 い가 く로 바뀐 뒤 연결됩니다. 즉,

크지 않다 おおきくない   귀엽지 않다 かわいくない

크지 않습니다 おおきくありません

귀엽지 않습니다 かわいくありません

A: わたし かわいい? 나 귀여워?

B: かわいくない。 귀엽지 않아.

■ 연결형을 만들 때는 어미 い → く로 바꾼 뒤 て만 붙이면 된다

크고, 크니, 커서 おおきい → おおきくて

귀엽고, 귀여우니, 귀여워 かわいい → かわいくて

■ 공손형을 만들 때는 명사처럼 원형에 です만 붙이면 된다

큽니다 おおきいです   귀엽습니다 かわいいです

이제 이것만 알면 나머지는 일사천리겠네요.

크지 않습니다　おおきくないです / おおきくありません

귀엽지 않습니다　かわいくないです / かわいくありません

크지 않았습니다

おおきくなかったです / おおきくありませんでした

귀엽지 않았습니다

かわいくなかったです / かわいくありませんでした

요점정리

い형용사는 어미가 い로 끝난다.

명사를 수식할 때는 원형이 그대로 사용된다.

연결형을 만들 때는 어미 い를 く로 바꾼 뒤 て를 붙인다.

공손형을 만들 때는 명사와 마찬가지로 원형에 です만 붙이면 된다.

부정형을 만들 때는 어미 い를 く로 바꾼 후 ない(ありません)를 붙인다.

(명사는 ではない. ではありません을 붙였던 것 기억하고 계시죠)

な형용사

きれいだ (예쁘다)　　　　　　すきだ (좋아하다)

■ 명사를 수식할 때는 어미 だ→な로 바꾼 후 명사를 연결한다

な형용사는 어미 だ를 빼도 그대로 사용할 수 있습니다. 즉, "예쁘다!"라고 말할 때 "きれいだ!" 또는 "きれい!"라고 해도 무방합니다. 명사를 수식할 때는 반드시 어미 だ를 뺀 후 명사를 연결합니다. すきだ!(좋아하다)

22

→ すき!(좋아) だいすき!(너무 좋아!)

예쁜 꽃 きれいなはな   좋아하는 사람(ひと) すきなひと

- **부정형을 만들 때는 어미 だ가 떨어지고 명사처럼 ではない(ではありません)를 붙인다**

예쁘지 않다 きれいではない

좋아하지 않는다 すきではない

예쁘지 않습니다 きれいではありません

좋아하지 않습니다 すきではありません

A: わたし すき? 나 좋아해?

B: すきではない。 좋아하지 않아.

- **연결형을 만들 때는 어미 だ가 떨어지고 で를 붙인다(명사와 동일)**

예쁘고, 예쁘니, 예뻐서 きれいだ → きれいで

좋고, 좋아하니, 좋아서 すきだ → すきで

- **공손형을 만들 때는 어미 だ가 떨어지고 です가 붙는다**

예쁩니다 きれいです   좋아합니다 すきです

이제 이것만 알면 나머지는 일사천리겠네요.

예쁘지 않습니다 きれいではないです / きれいではありません

좋아하지 않습니다 すきではないです / すきではありません

예쁘지 않았습니다

きれいではなかったです

きれいではありませんでした

좋아하지 않았습니다

すきではなかったです

すきではありませんでした

요점정리

な형용사는 어미가 だ로 끝난다.

명사를 수식할 때는 어미 だ를 な로 바꾼 다음 명사를 연결한다.

연결형을 만들 때는 어미 だ를 뺀 후 で를 붙인다

공손체를 만들 때는 어미 だ를 뺀 후 です를 연결하면 된다.

부정형을 만들 때는 어미 だ를 뺀 후 명사와 마찬가지로

ではない(ではありません)를 붙인다.

[조사]

일본어의 조사는 어려울 게 하나도 없습니다. 우리말과 어순이 같기 때문에 조사는 그때그때 나올 마다 익히면 되는데 여기서는 많이 쓰이는 조사를 간단히 정리해보겠습니다.

は 은, 는
꽃은 예쁩니다 はなは きれいです
나는 학생입니다 わたしは がくせいです

が 이, 가
내가 하겠습니다 わたしが します
사과가 있습니다 りんごが あります

の 의
일본어책 にほんごのほん
나의 집 わたしのいえ
선생님인 기무라 せんせいのキムラ

を 을, 를
사과를 먹는다 りんごを たべる
책을 읽는다 ほんを よむ

で　에서, 으로

학교에서 공부한다　がっこうで べんきょうする

연필로 쓰다　えんぴつでかく

지하철로 갑니다　ちかてつで いきます

に　에, 에게

나에게 꽃을 주세요　わたしに はなを ください

여기에 있습니다　ここに います

버스를 타다　バスに のる

も　도, 나

나도 가겠습니다　わたしも いきます

3시간이나 걸었다　さんじかんも あるいた

し　이고

이 사과는 싸고, 맛있다　このりんごは やすいし おいしい

그녀는 귀엽고 상냥하다　かのじょは かわいいし やさしい

へ　으로, 에

학교에 갑니다　がっこうへ いきます

이쪽으로 오세요　こちらへ どうぞ

から〜まで　부터 〜까지

서울에서 도쿄까지 비행기로 2시간 정도 걸립니다.

ソウルから東京まで 飛行機で 2時間ぐらいがかります

수업은 9시부터 4시까지입니다.

じゅぎょうは 9じから 4じまでです

[동사]

■ 일본어 동사가 어렵지 않은 이유

1. 동사의 종류가 세 가지(1그룹, 2그룹, 3그룹)뿐이다. 그 중에 한 종류(3그룹)는 불규칙 동사로 단 두 개밖에 없어 실은 두 가지나 마찬가지다.

2. 각 그룹의 동사는 그룹끼리는 규칙적인 활용을 한다.

3. 일본어 동사는 현재와 미래가 같고 끝만 살짝 올려주면 의문문도 된다.

■ 일본어 동사의 개념 정리

1. 일본어의 동사는 모두 う단으로 끝난다.
   いう(あいうえお), たつ(たちつてと), あきる(らりるれろ),
   かく(かきくけこ), のむ(まみむめも)…

2. 동사의 종류는 크게 두 가지(꼬리탈락동사와 꼬리둔갑동사)가 있고, 멋대로 변하는 예외동사가 두 개(する, くる)가 있습니다. 편의상 꼬리탈락동사를 2그룹 동사, 꼬리둔갑동사를 1그룹동사, 예외동사를 3그룹동사라 부르겠습니다.

3. 우리말의 동사가 과거형이 되고 부정형이 될 때 어미가 변하듯 일본어의 동사도 종류에 따라 정해진 규칙에 의해 꼬리가 둔갑하거나 탈락합니다. 일본어가 더 쉬운 건 현재형이 미래형도 되고, 끝만 살짝 올리면 의문형도 되고, 원형이 그대로 문장에 쓰인다는 점입니다.

   예) 먹다(원형)　　　　　　　　たべる(원형)
   　　먹는다(현재)　　　　　　　たべる(현재)
   　　나중에 먹을래(미래)　　　　あと たべる(미래)

4. 수식할 때도 원형이 그대로 사용됩니다

예) 먹는 사람(먹다 사람 ×)　　　たべる ひと(먹는 사람, 먹을 사람)

5. 우리말도 그렇듯이 일본어 동사도 꼬리의 변화가 다양합니다. 다음은 일본어 동사의 기본적인 활용입니다.

요점정리

부정	→ ない(없다)
과거부정	→ なかった(없었다)
공손	→ ます(합니다)
공손과거	→ ました(했습니다)
공손의문	→ ますか(합니까)
공손과거의문	→ ましたか(했습니까)
공손부정	→ ません(하지 않습니다)
공손부정과거	→ ませんでした(하지 않았습니다)
공손부정의문	→ ませんか(하지 않습니까)
공손부정과거의문	→ ませんでしたか(하지 않았었습니까)
가정형	→ (れ)ば(하면)
의지형	→ (よ)う(해야지)
명령형	→ ろ(해라)

이것만 기억하면 동사는 완벽하게 내 것으로 만들 수 있습니다. 그럼 이제부터 일본어 동사에 대해 본격적으로 배워보겠습니다.

2

일본어 동사 본격 플레이

2그룹동사
(꼬리탈락동사)

꼬리탈락동사란 말 그대로 꼬리가 떨어져 나가는 동사를 뜻합니다. 생긴 것의 특징으로는 모두 る로 끝난다는 것, 그리고 る앞이 i(い)단이나 e(え)단으로 되어 있다는 점입니다.

예를 들어 できる(할 수 있다), る로 끝났죠. 그리고 る 앞의 き(かきくけこ)가 i단이죠. 또 하나의 예를 들어볼까요? たべる(먹다), 꼬리가 る로 끝났고, る 앞이 べ(ばびぶべぼ)로 e단이군요.

이런 동사들은 활용을 할 때 무조건 꼬리 る가 떨어져 나가고 그 자리에 활용형태가 들어가면 됩니다. 예를 들어 부정형을 만들려면 꼬리 る가 떨어져 나가고 부정의 ない가 붙습니다. 따라서 "할 수 없다"는 できない가 됩니다. 존경어 "할 수 있습니다"는 공손체의 ます를 꼬리가 떨어진 자리에 넣으면 되지요. 그러면 "できます"가 되겠지요. 그럼 문장을 통해 확인해 봅시다.

많이 쓰이는 2그룹동사 집합군

いる(있다)　かえる(바꾸다)　きる(입다)　ねる(자다)
みる(보다)　いれる(넣다)　くれる(주다)　たべる(먹다)
できる(할 수 있다, 생기다)　でる(나오다)　かける(걸다)
あげる(드리다)　きめる(정하다)　やめる(그만두다)
わすれる(잊다)　おちる(떨어지다)

보다	み+ (	)	みる
보았다	み+ (	)	みた
보지 않는다	み+ (	)	みない
보지 않았다	み+ (	)	みなかった
봅니다	み+ (	)	みます
보았습니다	み+ (	)	みました
봅니까	み+ (	)	みますか
보았습니까	み+ (	)	みましたか
보지 않습니다	み+ (	)	みません
보지 않았습니다	み+ (	)	みませんでした
보지 않겠습니까	み+ (	)	みませんか
보지 않았습니까	み+ (	)	みませんでしたか
보고	み+ (	)	みて
보는 곳	み+ (	)	みるところ
보면	み+ (	)	みれば
봐아지	み+ (	)	みよう
봐라	み+ (	)	みろ

A：これ みる？ おもしろいよ。

B： なんだ、これ きのう みたよ。

A: 이거 볼래? 재밌어.

B: 뭐야, 어제 봤어.

↪ 일본어의 의문문에는 물음표(?)를 사용하지 않는 게 원칙이지만 사용하기도 합니다.
おもしろい 재미있다, よ는 종조사로 자신의 의지나 생각을 표현합니다. なんだ는 뭐
야?라는 뜻의 친근감 있는 표현이죠.

A： いっしょに えいがでも みませんか。

B： かのじょと みれば いいでしょう。

A: 같이 영화라도 보지 않겠습니까?

B: 여자친구랑 보면 되잖아요.

↪ いっしょ(一緒)に 함께 | えいが(映画) 영화 | かのじょ(彼女) 그녀 | いい는 좋다
でしょう -(이)죠. 명사와 형용사에 연결됩니다. | りんご(사과)でしょう → 사과죠?
きれいでしょう → 예쁘죠?

A： これも みよう。

B： それは こどもが みる ものでは ありません。

A: 이것도 봐야지.

B: 그것은 아이가 볼 게 아닙니다.

↪ みよう에서처럼, 혼잣말처럼, 발음할 때는 마지막의 う가 빠지고 촉음처럼 발음이 납니
다. 즉 みよっ. こども 어린 아이, もの(物) 것, 물건을 나타냅니다. 한자가 者일 경우에
는 사람을 나타내죠.

A： わたしの パンを みませんでしたか。

B： みましたが、たべてしまいました。

A: 제 빵 못 봤습니까?

B: 보았습니다만 먹어버렸습니다.

↪ わたし(私) 나(일인칭) | パン 빵 | しまいました는 뒤에 배울 1그룹동사 しまう(해버
리다)의 공손체입니다. 주로 다른 동사의 연결형에 붙어 사용됩니다. 해버리다, 죽여버
리다 등등에 사용.

2 いる 〔 있다 〕

있다	い+ (	)	いる
있었다	い+ (	)	いた
없다	い+ (	)	いない
없었다	い+ (	)	いなかった
있습니다	い+ (	)	います
있었습니다	い+ (	)	いました
있습니까	い+ (	)	いますか
있었습니까	い+ (	)	いましたか
없습니다	い+ (	)	いません
없었습니다	い+ (	)	いませんでした
없습니까	い+ (	)	いませんか
없었습니까	い+ (	)	いませんでしたか
있고	い+ (	)	いて
있는 곳	い+ (	)	いるところ
있으면	い+ (	)	いれば
있어야지	い+ (	)	いよう
있어라	い+ (	)	いろ

A: こいびと いる?

B: いない、しょうかいして くれ。

A: 애인 있어?
B: 없어, 소개해줘.

⇨ しょうかい(紹介) 소개 | して는 뒤에 나오는 3그룹동사로 する(하다)의 て형(연결형)
이에요. 이 동사는 활용형태가 규칙적이지 않기 때문에 무조건 외워야 합니다. 즉, しま
す(합니다), して(하고), しろ(해라), しない(하지 않다)··· 이런 불규칙 동사는 2개밖에
없으니까 나중에 통째로 외우면 됩니다.

A: いま どこに いますか。

B: うちに います。

A: 지금 어디 있습니까?
B: 집에 있어요.

⇨ いま(今) 지금 | うち(家) 집

A: さみしい。 ねこでも いれば いいのに。

B: わたしは どう?

A: 쓸쓸해. 고양이라도 있으면 좋을텐데.
B: 난 어때?

⇨ さみしい 쓸쓸하다, 적적하다 | ねこ(猫) 고양이 | でも~라도
いいのにに いい는 좋다, のに는 -텐데의 뜻. | わたし(私) 나 | どう 어때, 어떻게

A: ずっと そばに いてよ。

B: こわいこと いわないで。

A: 끝까지 옆에 있어줘.
B: 끔찍한 소리 마.

⇨ ずっと 쭉, 계속 | そば 옆, 곁 | こわい(恐い) 무섭다, 두렵다 | こと(事) 것, 일
いわないで는 いう(말하다)의 부정형 いわない(말하지않다)에 연결형 で가 붙었습니다.

3 ねる 〔자다〕

자다	ね+ (	)	ねる
잤다	ね+ (	)	ねた
자지 않는다	ね+ (	)	ねない
자지 않았다	ね+ (	)	ねなかった
잡니다	ね+ (	)	ねます
잤습니다	ね+ (	)	ねました
잡니까	ね+ (	)	ねますか
잤습니까	ね+ (	)	ねましたか
자지 않습니다	ね+ (	)	ねません
자지 않았습니다	ね+ (	)	ねませんでした
자지 않겠습니까	ね+ (	)	ねませんか
자지 않았습니까	ね+ (	)	ねませんでしたか
자고	ね+ (	)	ねて
자는 곳	ね+ (	)	ねるところ
자면	ね+ (	)	ねれば
자야지	ね+ (	)	ねよう
자라	ね+ (	)	ねろ

36

A: ねむい。ねよう。

B: もう ねるの? わたしは さっき おきたばかり。

A: 졸려, 자자.
B: 벌써 자? 나는 좀 전에 막 일어났어.

☞ ねむい 졸리다 | もう 벌써, 이미 | の는 종결의문형으로 쓰였습니다.
さっき 아까, 좀전 | ばかり는 막 -했다는 뜻으로 쓰입니다.

A: きのう ねなかったんですか。めが あかいです。

B: はい。でも ひとばん ねれば なおります。

A: 어제 안 잤습니까? 눈이 빨갛습니다.
B: 네, 그런데 하룻밤 자면 낫습니다.

☞ きのう 어제란 뜻이죠. | め(目)는 눈입니다. | あかい(赤い) 빨갛다
ひとばん은 하룻밤입니다. | なおります는 1그룹동사 なおる(회복되다, 고쳐지다)의
공손체죠.

A: かいしゃで ねる ひとも います。

B: わたしも ときどき ねます。

A: 회사에서 자는 사람도 있습니다.
B: 나도 종종 잡니다.

☞ かいしゃ 회사 | で(에서)는 장소를 나타내는 조사입니다.
ときどき는 때때로란 뜻입니다.

A: ねているんですか。

B: すみません。ねぶそくで。

A: 자고 있어요?
B: 죄송합니다. 잠이 부족해서

☞ すみません은 다양하게 쓰입니다. "미안합니다, 실례합니다, 고맙습니다." ね는 잠이
죠, ふそく(不足)는 부족이란 뜻입니다. 연음이 될 때는 ぶそく가 됩니다.

37

바꾸다	かえ + (	)	かえる
바꾸었다	かえ + (	)	かえた
바꾸지 않는다	かえ + (	)	かえない
바꾸지 않았다	かえ + (	)	かえなかった
바꿉니다	かえ + (	)	かえます
바꾸었습니다	かえ + (	)	かえました
바꾸겠습니까	かえ + (	)	かえますか
바꾸었습니까	かえ + (	)	かえましたか
바꾸지 않습니다	かえ + (	)	かえません
바꾸지 않았습니다	かえ + (	)	かえませんでした
바꾸지 않겠습니까	かえ + (	)	かえませんか
바꾸지 않았습니까	かえ + (	)	かえませんでしたか
바꾸고	かえ + (	)	かえて
바꾸는 곳	かえ + (	)	かえるところ
바꾸면	かえ + (	)	かえれば
바꿔야지	かえ + (	)	かえよう
바꿔라	かえ + (	)	かえろ

A: かみがた かえたね。

B: どう? かっこいいでしょう。

A: 머리모양 바꼈네.
B: 어때? 멋있지.

⇨ かみがた는 머리형태를 말합니다. かっこいい는 멋있다는 뜻으로 주로 남자에게 사용하죠.

A: チャンネル かえても いい?

B: だめ。どこも おなじだから かえない。

A: 채널 바꾸어도 돼?
B: 안 돼. 어디나 마찬가지니까 안 바꿀 거야.

⇨ ても いい는 ~해도 돼?라는 뜻입니다. おなじだ는 마찬가지다라는 뜻의 な형용사입니다.

A: めがねを かえましたか。

B: はい。あたらしいのに かえました。

A: 안경을 바꾸었습니까?
B: 네, 새 것으로 바꾸었습니다.

⇨ めがね는 안경이죠. | あたらしい는 새롭다, い형용사죠. | の(것)に(으로).

A: かえる ところが ありません。

B: かんぺきですか。

A: 바꿀 곳이 없습니다.
B: 완벽합니까?

⇨ ありません은 뒤에 나옵니다. ある동사의 공손부정입니다. かんぺき(完璧)だ(완벽하다), な형용사죠.

5 きる〔입다〕

입다	き+ (	)	きる
입었다	き+ (	)	きた
입지 않는다	き+ (	)	きない
입지 않았다	き+ (	)	きなかった
입습니다	き+ (	)	きます
입었습니다	き+ (	)	きました
입습니까	き+ (	)	きますか
입었습니까	き+ (	)	きましたか
입지 않습니다	き+ (	)	きません
입지 않았습니다	き+ (	)	きませんでした
입지 않겠습니까	き+ (	)	きませんか
입지 않았습니까	き+ (	)	きませんでしたか
입고	き+ (	)	きて
입는 곳	き+ (	)	きるところ
입으면	き+ (	)	きれば
입어야지	き+ (	)	きよう
입어라	き+ (	)	きろ

A: せいじんしきの とき きものを きましたか。

B: いいえ、たかいので きませんでした。

A: 성인식 때 기모노를 입었습니까?
B: 아뇨, 비싸서 못 입었어요.

⇨ せいじんしき(成人式) 성인식 | とき(時) -때 | たかい 비싸다
ので ~니까, ~때문에 | いいえ 아뇨

A: どうしよう。きる ものが ない。

B: なにを きても よく にあうから、だいじょうぶ。

A: 어떻게 하지, 입을 게 없어.
B: 뭘 입어도 잘 어울리니까 괜찮아.

⇨ なに '무엇'이란 뜻이죠. にあう는 어울리다(2그룹동사예요).
からと는 -때문에란 뜻입니다. だいじょうぶだ 괜찮다.

A: きょうは これを きる?

B: きのうも きたから あれを きる。

A: 오늘은 이것을 입을래?
B: 어제도 입었으니까 저걸 입을래.

⇨ きょう(今日) 오늘 | もは 조사로 -도 | これ 이것, あれは 저것입니다.

A: どんな ふくを きて いますか。

B: あかい ふくを きて います。

A: 어떤 옷을 입고 있습니까?
B: 빨간 옷을 입고 있습니다.

⇨ どんな 어떤 | ふく(服)옷 | あかい 빨갛다 | を(을, 를)는 목적격 조사죠.

Check Time

1. 동사의 활용형태를 적어보세요.

보지 않는다   み + ☐☐

있습니까   い + ☐☐☐

자야지   ね + ☐☐

바꾸었다   かえ + ☐

입지 않겠습니까   き + ☐☐☐☐☐

2. 다음의 대화들을 보고 ( ) 안에 적당한 말을 넣으세요.

A: いっしょに えいがでも みませんか。

B: かのじょと (　　　　　　) いいでしょう。

     A: 같이 영화라도 보지 않겠습니까?
     B: 여자친구랑 보면 되잖아요.

A: こいびといる?

B: (　　　　　　)、しょうかいして くれ。

     A: 애인 있어?
     B: 없어, 소개해줘.

A: ねむい。ねよう。

B: もう（　　　　　　　）?

　　わたしは さっき おきたばかり。

A: 졸려, 자자.
B: 벌써 자? 나는 아까 일어났어.

A: チャンネル（　　　　　　　　）いい?

B: だめ。どこも おなじだから かえない。

A: 채널 바꾸어도 돼?
B: 안 돼. 어디나 마찬가지니까 안 바꿀 거야.

A: どんな ふくを きて いますか。

B: あかい ふくを（　　　　　　　）。

A: 어떤 옷을 입고 있습니까?
B: 빨간 옷을 입고 있습니다.

6 いれる 〔넣다〕

넣다	いれ+(	)	いれる
넣었다	いれ+(	)	いれた
넣지 않는다	いれ+(	)	いれない
넣지 않았다	いれ+(	)	いれなかった
넣습니다	いれ+(	)	いれます
넣었습니다	いれ+(	)	いれました
넣습니까	いれ+(	)	いれますか
넣었습니까	いれ+(	)	いれましたか
넣지 않습니다	いれ+(	)	いれません
넣지 않았습니다	いれ+(	)	いれませんでした
넣지 않겠습니까	いれ+(	)	いれませんか
넣지 않았습니까	いれ+(	)	いれませんでしたか
넣어서	いれ+(	)	いれて
넣는 곳	いれ+(	)	いれるところ
넣으면	いれ+(	)	いれれば
넣어야지	いれ+(	)	いれよう
넣어라	いれ+(	)	いれろ

A: わたしも いれて ください。

B: あなたも やりたいですか。

A: 저도 넣어 주세요.
B: 당신도 하고 싶습니까?

⇨ ください 해주세요, やりたい는 1그룹동사 やる(하다)에 조동사 たい
  (하고 싶다, 동사의 ます형과 연결)가 붙은 말입니다. です는 '입니다'죠.

A: おいしい。なにを いれましたか。

B: なにも いれませんでした。

A: 맛있다. 뭘 넣었어요?
B: 아무것도 넣지 않았습니다.

⇨ おいしい 맛있다 | なにも 아무 것도.

A: はがきを いれるところは?

B: はがきは ここに いれてください。

A: 엽서를 넣는 곳은?
B: 엽서는 여기에 넣어 주세요.

⇨ はがき 엽서 | ここ 여기 + 조사 に(에)의 형태죠.

A: これは どこに いれますか。

B: はこの なかに いれれば いいです。

A: 이것은 어디에 넣습니까?
B: 상자 속에 넣으면 됩니다.

⇨ どこ 어디 | はこ 상자 | なか(中) 안

45

7	くれる〔주다〕

주다	くれ + (	)	くれる
주었다	くれ + (	)	くれた
주지 않는다	くれ + (	)	くれない
주지 않았다	くれ + (	)	くれなかった
줍니다	くれ + (	)	くれます
주었습니다	くれ + (	)	くれました
줍니까	くれ + (	)	くれますか
주었습니까	くれ + (	)	くれましたか
주지 않습니다	くれ + (	)	くれません
주지 않았습니다	くれ + (	)	くれませんでした
주지 않겠습니까	くれ + (	)	くれませんか
주지 않았습니까	くれ + (	)	くれませんでしたか
주어서	くれ + (	)	くれて
주는 곳	くれ + (	)	くれるところ
주면	くれ + (	)	くれれば
주어라	くれ + (	)	くれ

46

A: おかねを ただで くれるところ ない?

B: そんな ところ ない。

A: 돈을 공짜로 주는 곳이 없을까?
B: 그런 곳은 없어.

⇨ おかね(お金) 돈 | ただ 공짜, 무료 | そんな 그런

A: あした たんじょうびだけど、 なにを くれる?

B: わたしで いいでしょう。

A: 내일 생일인데 뭐 줄 거야?
B: 나면 되잖아.

⇨ たんじょうび(誕生日) 생일 | だけど 이지만 | いいでしょう는 いい(좋다)에 でしょう (~지요)가 붙은 형태입니다. おいしいでしょう → 맛있죠.

A: これ わたしに ください。

B: おかねを くれたら あげます。

A: 이거 저한테 주세요.
B: 돈을 주면 드리겠습니다.

⇨ くれたら는 くれる의 ます형 くれ와 가정의 たら(한다면)가 붙어 '준다면' 의 뜻입니다.
あげます는 あげる(해드리다)의 공손형이죠.

A: かれしが なにか くれましたか。

B: なにも くれませんでした。

A: 남자친구가 무엇을 주었습니까?
B: 아무 것도 주지 않았습니다.

⇨ かれし 그, 그이, 주로 남자친구나 애인을 뜻합니다.

8 たべる 〔먹다〕

먹다	たべ+ (	)	たべる
먹었다	たべ+ (	)	たべた
먹지 않는다	たべ+ (	)	たべない
먹지 않았다	たべ+ (	)	たべなかった
먹습니다	たべ+ (	)	たべます
먹었습니다	たべ+ (	)	たべました
먹습니까	たべ+ (	)	たべますか
먹었습니까	たべ+ (	)	たべましたか
먹지 않습니다	たべ+ (	)	たべません
먹지 않았습니다	たべ+ (	)	たべませんでした
먹지 않겠습니까	たべ+ (	)	たべませんか
먹지 않았습니까	たべ+ (	)	たべませんでしたか
먹고	たべ+ (	)	たべて
먹는 곳	たべ+ (	)	たべるところ
먹으면	たべ+ (	)	たべれば
먹어야지	たべ+ (	)	たべよう
먹어라	たべ+ (	)	たべろ

A: ひるごはんを たべましたか。

B: いそがしかったので たべませんでした。

A: 점심밥을 먹었습니까?
B: 바빠서 못 먹었습니다.

⇨ ひる 점심 | ごはん（ご飯）밥 | いそがしかった는 いそがしい（바쁘다）의 과거형이죠.
ので는 –때문에.

A: にほんでは いぬを たべますか?

B: いいえ、いぬは たべません。

A: 일본에서는 개를 먹습니까?
B: 아뇨, 개는 먹지 않습니다.

⇨ にほん（日本）일본 | いぬ（犬）개

A: なに たべる? おごるから。

B: じゃ、たかいものを たべよう。

A: 뭘 먹을래? 내가 살 테니까.
B: 그럼 비싼 걸 먹어야지.

⇨ おごる는 한 턱 내다. 1그룹동사죠. じゃ는 では(그러면)의 회화체입니다.

A: これ たべた? おいしいよ。

B: まだ たべてない。

A: 이거 먹었어? 맛있어.
B: 아직 안 먹었어.

⇨ まだ 아직, たべてない는 먹고 있지 않다는 뜻이죠. 즉 먹고 싶었는데 먹지 못했다는 말
입니다. 만약 たべなかった(안 먹었다)로 답하면 먹기 싫어서 안 먹었다는 뉘앙스가 있
습니다.

できる 〔할 수 있다, 생기다〕

할 수 있다	でき+( )	できる
할 수 있었다	でき+( )	できた
할 수 없다	でき+( )	できない
할 수 없었다	でき+( )	できなかった
할 수 있습니다	でき+( )	できます
할 수 있었습니다	でき+( )	できました
할 수 있습니까	でき+( )	できますか
할 수 있었습니까	でき+( )	できましたか
할 수 없습니다	でき+( )	できません
할 수 없었습니다	でき+( )	できませんでした
할 수 없습니까	でき+( )	できませんか
할 수 없었습니까	でき+( )	できませんでしたか
할 수 있어서	でき+( )	できて
할 수 있는 곳	でき+( )	できるところ
할 수 있다면	でき+( )	できれば

A: にきびが できましたね。

B: にきびが できて かっこわるいでしょう。

A: 여드름이 생겼군요.
B: 여드름이 생겨서 폼이 안 나죠.

⇨ にきび 여드름 | かっこわるい는 かっこいい(멋있다)의 반대말이군요.

A: かのじょが できました。

B: また できましたか。

A: 여자친구가 생겼습니다.
B: 또 생겼습니까?

⇨ また 또, 헤어질 때 "また あした"란 말 많이 쓰는데요, "내일 또 보자"라는 의미입니다.

A: それは いつまでに できる?

B: もう できた。

A: 그것은 언제까지 됩니까?
B: 벌써 다 됐어.

⇨ いつ(언제) | まで(까지) | に(에)

A: この しごとは わたしには できません。

B: どうして できないと おもいますか。

A: 이 일은 저는 못합니다.
B: 왜 할 수 없다고 생각합니까?

⇨ しごと 일 | どうして 어째서, 왜 | おもいます는 1그룹동사 おもう(생각하다)의 공손의문형입니다.

나오다	で + (	)	でる
나왔다	で + (	)	でた
나오지 않는다	で + (	)	でない
나오지 않았다	で + (	)	でなかった
나옵니다	で + (	)	でます
나왔습니다	で + (	)	でました
나옵니까	で + (	)	でますか
나왔습니까	で + (	)	でましたか
나오지 않습니다	で + (	)	でません
나오지 않았습니다	で + (	)	でませんでした
나오지 않습니까	で + (	)	でませんか
나오지 않았습니까	で + (	)	でませんでしたか
나와서	で + (	)	でて
나오는 곳	で + (	)	でるところ
나오면	で + (	)	でれば
나가야지	で + (	)	でよう
나와라	で + (	)	でろ

A: はやく でて。もれる。

B: もう ちょっと がまんして。

A: 빨리 나와. 쌀 것 같아.
B: 조금만 참아.

⇨ はやく(빨리)는 はやい(빠르다)의 부사형이죠. | ちょっと 좀, 잠간 | がまんしては
がまんする(참다)의 연결형인데 나중에 배울 3그룹동사(する동사) 취급하시면 됩니다.

A: おとうとが テレビに でたけど みた?

B: テレビに でるわけないでしょう。

A: 남동생이 텔레비전에 나왔는데 봤어?
B: 텔레비전에 나올 리가 없어.

⇨ おとうと 남동생 | テレビ 테레비, 참 많이 듣고 발음해온 단어네요. 텔레비전이죠.
わけが ないと -리가 없다는 뜻입니다.

A: かいしゃを なんじに でますか。

B: しちじに でます。

A: 회사를 몇 시에 나옵니까?
B: 7시에 나옵니다.

A: きょうも ごきぶりが でました。

B: よく でますか。

A: 오늘도 바퀴벌레가 나왔습니다.
B: 자주 나옵니까?

⇨ ごきぶり 바퀴벌레 | よく 잘, 자주

Check Time

1. 다음 동사의 활용형태를 적어보세요.

넣지 않았습니까   いれ + ☐☐☐☐☐☐☐

줍니다   くれ + ☐☐

먹어라   たべ + ☐

할 수 있어서,   でき + ☐

나왔습니다   で + ☐☐☐

2. 다음의 대화들을 보고 ( ) 안에 적당한 말을 넣으세요.

A: はがきを (　　　　　　) ところは?

B: はがきは ここに いれてください。

A: 엽서를 넣는 곳은?
B: 엽서는 여기에 넣어 주세요.

A: これ わたしに ください。

B: おかねを (　　　　　　) あげます。

A: 이거 저한테 주세요.
B: 돈을 주면 드리겠습니다.

A: にほんでは いぬを たべますか?

B: いいえ、いぬは（　　　　　　　）。

A: 일본에서는 개를 먹습니까?
B: 아뇨, 개는 먹지 않습니다.

A: それは いつまでに できる?

B: もう（　　　　　　　）。

A: 그것은 언제까지 됩니까?
B: 벌써 다 됐어.

A: はやく（　　　　　　　）。もれる。

B: もう ちょっと がまんして。

A: 빨리 나와. 쌀 것 같아.
B: 좀더 참아.

かける〔걸다〕

걸다	かけ + (	)	かける
걸었다	かけ + (	)	かけた
걸지 않는다	かけ + (	)	かけない
걸지 않았다	かけ + (	)	かけなかった
겁니다	かけ + (	)	かけます
걸었습니다	かけ + (	)	かけました
겁니까	かけ + (	)	かけますか
걸었습니까	かけ + (	)	かけましたか
걸지 않습니다	かけ + (	)	かけません
걸지 않았습니다	かけ + (	)	かけませんでした
걸지 않겠습니까	かけ + (	)	かけませんか
걸지 않았습니까	かけ + (	)	かけませんでしたか
걸고	かけ + (	)	かけて
거는 곳	かけ + (	)	かけるところ
걸면	かけ + (	)	かければ
걸어야지	かけ + (	)	かけよう
걸어라	かけ + (	)	かけろ

A: わたしに でんわを かけましたか。

B: ええ、かけましたが、しらなかったんですか。

A: 나한테 전화를 걸었습니까?
B: 네, 걸었는데 몰랐습니까?

⮑ でんわ(電話) 전화 | しらなかった(몰랐다)는 1그룹동사인 しる(알다)의
부정형이에요. ん은 특별히 해석할 건 없고 회화체에서 쓰입니다.

A: あぶない!

B: はやく ブレーキを かけて ください。

A: 위험해!
B: 빨리 브레이크를 걸어 주세요.

⮑ あぶない 위험하다 | ブレーキ는 브레이크를 뜻하죠.

A: いつから めがねを かけていますか。

B: きのう、はじめて めがねを かけました。

A: 언제부터 안경을 썼습니까?
B: 어제 처음으로 안경을 썼습니다.

⮑ から는 '~부터'라는 조사죠. | めがね는 안경 | はじめて는 처음으로, 비로소의 뜻이
있습니다.

A: めが ちいさい ひとは サングラスを かければ いいです。

B: それなら わたしも かけよう。

A: 눈이 작은 사람은 선글라스를 쓰면 됩니다.
B: 그렇다면 나도 써야지.

⮑ ちいさい 작다 | ひと(人)는 사람을 뜻합니다. 다른 사람(타인)을 말할 때도 사용합니다.
サングラス(sunglasses) 선글라스 | も ~도(조사)

12 あげる〔주다, 드리다〕

주다	あげ + (	)	あげる
주었다	あげ + (	)	あげた
주지 않는다	あげ + (	)	あげない
주지 않았다	あげ + (	)	あげなかった
주겠습니다	あげ + (	)	あげます
주었습니다	あげ + (	)	あげました
주겠습니까	あげ + (	)	あげますか
주었습니까	あげ + (	)	あげましたか
주지 않습니다	あげ + (	)	あげません
주지 않았습니다	あげ + (	)	あげませんでした
주지 않겠습니까	あげ + (	)	あげませんか
주지 않았습니까	あげ + (	)	あげませんでしたか
주어서	あげ + (	)	あげて
주는 곳	あげ + (	)	あげるところ
주면	あげ + (	)	あげれば
주어야지	あげ + (	)	あげよう
주어라	あげ + (	)	あげろ

58

A: おかあさんに なにを あげましたか。

B: なにも あげませんでした。

A: 어머니에게 무엇을 드렸습니까?
B: 아무 것도 드리지 않았습니다.

⇨ おかあさん(お母さん) 엄마, 어머니 ↔ おとうさん(お父さん) 아빠, 아버지

A: バレンタインデーに チョコ あげた?

B: あげるひとが いないから あげなかった。

A: 발렌타인데이에 초콜릿 줬어?
B: 줄 사람이 없어서 주지 않았어.

A: かのじょに プレゼントを あげれば?

B: あげて いいかな。

A: 그녀에게 선물을 주면 어떨까?
B: 줘도 될까?

A: おとうさんに ことしは なにを あげる?

B: ことしは おかねを たくさん あげよう。

A: 아버지에게 올해는 무엇을 드리지?
B: 올해는 돈을 많이 드려야지.

⇨ ことし(今年) 금년, 올해 | たくさん 많이, 발음에 주의하세요.
  다꾸상이 아니라 닥상으로 발음해야죠.

59

13 きめる 〔 결정하다 〕

결정하다	きめ + (	)	きめる
결정했다	きめ + (	)	きめた
결정하지 않는다	きめ + (	)	きめない
결정하지 않았다	きめ + (	)	きめなかった
결정합니다	きめ + (	)	きめます
결정했습니다	きめ + (	)	きめました
결정하겠습니까	きめ + (	)	きめますか
결정했습니까	きめ + (	)	きめましたか
결정하지 않습니다	きめ + (	)	きめません
결정하지 않았습니다	きめ + (	)	きめませんでした
결정하지 않겠습니까	きめ + (	)	きめませんか
결정하지 않았습니까	きめ + (	)	きめませんでしたか
결정해서	きめ + (	)	きめて
결정하는 곳	きめ + (	)	きめるところ
결정하면	きめ + (	)	きめれば
결정해야지	きめ + (	)	きめよう
결정해라	きめ + (	)	きめろ

A: はやく きめて ください。

B: それじゃ、これに します。

A: 빨리 결정해 주세요.
B: 그러면 이걸로 하겠습니다.

⇨ それじゃ는 それでは의 회화체죠. 뜻은 그러면, 그렇다면. | これ(이것) に(으로).
します(합니다)는 する(하다)동사의 공손체입니다.

A: これから なにを するか きめた?

B: まだ きめてない。

A: 앞으로 뭘 할지 정했어?
B: 아직 정하지 않았어.

A: だいがくは きめましたか。

B: とうきょうだいがくに きめました。

A: 대학은 결정했습니까?
B: 도쿄대학으로 결정했습니다.

⇨ だいがく(大学) 대학 | とうきょう(東京) 동경, 도쿄, 지명이죠.

A: きめた ことは まもって ください。

B: でも わたしが きめた わけでは ありません。

A: 정한 것은 지키십시오.
B: 하지만 제가 정한 것은 아닙니다.

⇨ こと(事) 일, 것 | まもって는 1그룹동사 まもる(지키다)의 연결형입니다.
でも 하지만 | わけ 의미, 뜻

やめる〔그만두다〕

그만두다	やめ + (	)	やめる
그만두었다	やめ + (	)	やめた
그만두지 않는다	やめ + (	)	やめない
그만두지 않았다	やめ + (	)	やめなかった
그만두겠습니다	やめ + (	)	やめます
그만두었습니다	やめ + (	)	やめました
그만두겠습니까	やめ + (	)	やめますか
그만두었습니까	やめ + (	)	やめましたか
그만두지 않습니다	やめ + (	)	やめません
그만두지 않았습니다	やめ + (	)	やめませんでした
그만두지 않겠습니까	やめ + (	)	やめませんか
그만두지 않았습니까	やめ + (	)	やめませんでしたか
그만두고	やめ + (	)	やめて
그만두는 곳	やめ + (	)	やめるところ
그만두면	やめ + (	)	やめれば
그만둬야지	やめ + (	)	やめよう
그만둬라	やめ + (	)	やめろ

A: かいしゃを やめます。

B: どうぞ、やめてください。

A: 회사를 그만두겠습니다.
B: 어서 그만두십시오.

⇨ どうぞは 참 다양하게 쓰이는 말입니다. 아무쪼록, 부디, 어서 등 상대방에게 무엇을
권하거나 부탁할 때의 완곡하고 공손한 말투입니다.

A: たばこは いつ やめましたか。

B: きのう やめました。

A: 담배는 언제 끊었습니까?
B: 어제 끊었습니다.

⇨ たばこ 담배 | いつ 언제 | きのう 어제

A: けんこうのために おさけを やめませんか。

B: たばこは やめても おさけは やめません。

A: 건강을 위해서 술을 끊지 않겠습니까?
B: 담배는 끊어도 술은 못 끊습니다.

⇨ けんこう(健康) 건강 | ために ~를 위해 | おさけ(お酒) 술 | ても -해도

A: いつ がっこうを やめた?

B: ふつかまえに やめました。

A: 언제 학교를 그만뒀어?
B: 이틀 전에 그만뒀습니다.

⇨ がっこう(学校)학교 | ふつか(二日) 이일, 이틀 | まえ(前) 전

15 わすれる 〔잊다〕

잊다	わすれ + (	)	わすれる
잊었다	わすれ + (	)	わすれた
잊지 않는다	わすれ + (	)	わすれない
잊지 않았다	わすれ + (	)	わすれなかった
잊습니다	わすれ + (	)	わすれます
잊었습니다	わすれ + (	)	わすれました
잊겠습니까	わすれ + (	)	わすれますか
잊었습니까	わすれ + (	)	わすれましたか
잊지 않습니다	わすれ + (	)	わすれません
잊지 않았습니다	わすれ + (	)	わすれませんでした
잊지 않겠습니까	わすれ + (	)	わすれませんか
잊지 않았습니까	わすれ + (	)	わすれませんでしたか
잊고	わすれ + (	)	わすれて
잊는 곳	わすれ + (	)	わすれるところ
잊으면	わすれ + (	)	わすれれば
잊어야지	わすれ + (	)	わすれよう
잊어라	わすれ + (	)	わすれろ

A: どこに さいふを わすれて きましたか。

B: うちに わすれて きたと おもいます。

A: 어디다 지갑을 놓고 왔어요?
B: 집에 두고 온 것 같아요.

⇨ さいふ 지갑 | きましたか는 くる(오다, 3그룹 예외동사)의 과거공손의문형입니다.
  나중에 자세히 나옵니다. | うち(家) 집 | おもいます는 1그룹동사 おもう(생각하다)의
  공손형이죠.

A: わたしを わすれないで ください。

B: わすれたくても わすれる ことが できません。

A: 나를 잊지 말아 주세요.
B: 잊고 싶어도 잊을 수가 없습니다.

⇨ わすれなくてで라고 하면 '잊지 말고'가 되지만 わすれないで라고 하면 잊지 말라는
  가벼운 명령이죠. かえらないで 돌아가지 말라, たべないで 먹지 말라.
  - ことが できる는 앞에 동사원형을 동반하여 가능형을 나타냅니다.
  たべる ことができる 먹을 수 있다.

A: わるい ことは わすれよう。

B: そうです。はやく わすれて ください。

A: 나쁜 일은 잊어야지.
B: 그래요. 빨리 잊으세요.

⇨ わるい 나쁘다, 미안하다 | そうです는 '그렇습니다'란 뜻으로 많이 쓰는 말이죠.

A: かこを わすれれば たのしく いきる ことが できます。

B: わすれない ほうが たのしいと おもいます。

A: 과거를 잊으면 즐겁게 살 수 있습니다.
B: 잊지 않는 게 더 즐겁다고 생각합니다.

⇨ かこ(過去) 과거 | たのしい 즐겁다 | たのしく 즐겁게
  いきる(살다)ことが できます(공손형)는 사는 것이 가능하다, 살 수 있다는 뜻이죠.

おちる〔떨어지다〕

떨어지다	おち+ (	)	おちる
떨어졌다	おち+ (	)	おちた
떨어지지 않는다	おち+ (	)	おちない
떨어지지 않았다	おち+ (	)	おちなかった
떨어집니다	おち+ (	)	おちます
떨어졌습니다	おち+ (	)	おちました
떨어집니까	おち+ (	)	おちますか
떨어졌습니까	おち+ (	)	おちましたか
떨어지지 않습니다	おち+ (	)	おちません
떨어지지 않았습니다	おち+ (	)	おちませんでした
떨어지지 않겠습니까	おち+ (	)	おちませんか
떨어지지 않았습니까	おち+ (	)	おちませんでしたか
떨어져서	おち+ (	)	おちて
떨어지는 곳	おち+ (	)	おちるところ
떨어지면	おち+ (	)	おちれば
떨어져야지	おち+ (	)	おちよう
떨어져라	おち+ (	)	おちろ

A: しけんに おちましたか。

B: ええ、また おちました。

A: 시험에 떨어졌습니까?
B: 네, 또 떨어졌습니다.

⇨ しけん(試験) 시험 | また 또

A: きから なにかが おちませんでしたか。

B: はい。きから さるが おちました。

A: 나무에서 뭔가 떨어지지 않았습니까?
B: 네, 나무에서 원숭이가 떨어졌습니다

⇨ き(木) 나무 | から -로부터 | はい 네 | さる 원숭이

A: ボタンが おちています。

B: はい、さっき、あなたの ふくから おちました。

A: 단추가 떨어져 있습니다.
B: 아까 당신 옷에서 떨어졌습니다.

⇨ ボタン 버튼, 단추 | さっき(先) 아까, 조금 전 | あなた 당신 | ふく(服) 옷

A: いちおくえん おちてないかな。

B: そんなもの おちてない。

A: 1억 엔 떨어져 있지 않을까?
B: 그런 건 떨어져 있지 않아.

⇨ いちおくえん(一億円) 1억 엔 | そんな 그런 | もの(物) 것

Check Time

1. 동사의 활용형태를 적어보세요.

걸다	かけ + ☐
주지 않는다	あげ + ☐ ☐
결정했습니까	きめ + ☐ ☐ ☐ ☐
그만두고	やめ + ☐
잊지 않았다	わすれ + ☐ ☐ ☐ ☐
떨어지면	おち + ☐ ☐

2.다음의 대화들을 보고 ( ) 안에 적당한 말을 넣으세요.

A: あぶない!
B: はやく ブレーキを (   ) ください。

A: 위험해!
B: 빨리 브레이크를 걸어 주세요.

A: おかあさんに なにを あげましたか。
B: なにも (   )。

A: 어머니에게 무엇을 드렸습니까?
B: 아무것도 드리지 않았습니다.

A: （　　　　　　　）ことは まもって ください。

B: でも わたしが （　　　　　　　）わけでは ありません。

A: 정한 것은 지키십시오.
B: 하지만 제가 정한 것은 아닙니다.

A: いつ がっこうを （　　　　　　　）?

B: ふつかまえに やめました。

A: 언제 학교를 그만뒀어?
B: 이틀 전에 그만뒀습니다.

A: どこに さいふを （　　　　　　　）きましたか。

B: うちに （　　　　　　　）きたと おもいます。

A: 어디다 지갑을 놓고 왔어요?
B: 집에 두고 온 것 같아요.

A: ボタンが （　　　　　　　）います。

B: はい、さっき、あなたの ふくから おちました。

A: 단추가 떨어져 있습니다.
B: 아까 당신 옷에서 떨어졌습니다.

정답 | 1. きめた / あげない / 決めた これは / やめた / きめた あけない / きめた これは / あけれは

2. やめた / あけましたっくって / 忘れた 忘れた / やめた

とれて / 忘れました 忘れました / あって

여기까지 오느라 수고 많으셨습니다. 이제 일본어 동사에 대한 감이 좀 잡히셨으리라 믿습니다. 마지막으로 2그룹 동사의 가능형 만들기에 대해 간단히 짚고 넘어가겠습니다. 가능형은 앞에서 잠깐 언급했듯 "동사 원형 + ことができる"도 있지만 1그룹 동사의 경우 어미 る를 탈락시키고 그 자리에 "られる"를 넣는 방법도 있습니다. られる는 가능 표현은 물론, 수동, 존경, 자발의 표현을 나타내기도 하는데 여기서는 가능형에 대해서만 짚고 넘어가겠습니다. 예를 보면서 일본어의 가능형에 대해 한번 확인하고 넘어가세요.

みる 보다
みることができる (볼 수 있다) → みられる (볼 수 있다)

たべる 먹다
たべることができる (먹을 수 있다) → たべられる (먹을 수 있다)

おきる 일어나다
おきられる (일어날 수 있다) → おきられる (일어날 수 있다)

きめる 결정하다
きめられる (결정할 수 있다) → きめられる (결정할 수 있다)

1그룹동사
(꼬리둔갑동사)

꼬리둔갑동사란 일본어 동사 중 가장 많

은 부분을 차지하는 1그룹동사를 말하는데, 이들은 말 그
대로 마치 구미호처럼 꼬리를 다양하게 둔갑시키면서 활
용합니다. 일정한 규칙에 따라 둔갑하기 때문에 어렵지 않
습니다. 이 동사의 특징은 u단으로 끝나는 동사의 집합군
이며, 5단에 걸쳐 활용을 합니다. 즉,

부정형의 경우는 꼬리가 あ단으로 둔갑한 후 ない가 붙고,
공손형의 경우는 꼬리가 い단으로 둔갑한 후 ます가 붙고,
연결형의 경우는 꼬리가 촉음 っ로 둔갑한 후 て가 붙고,
가정형은 꼬리가 え단으로 둔갑한 후 ば가 붙고,
의지형은 꼬리가 お단으로 둔갑한 후 う가 붙고,
명령형은 꼬리를 え단으로 둔갑시키면 됩니다.

いく(가다) → いかない(가지 않는다)
　　　　　　 いきます(갑니다)
　　　　　　 いって(가고, 가서, 가니)
　　　　　　 いけば(간다면)
　　　　　　 いこう(가야지)
　　　　　　 いけ(가라)

많이 쓰이는 1그룹동사 집합군

あう(만나다) ある(있다) いう(말하다) いく(가다) あらう(씻다)
うる(팔다) おもう(생각하다) おわる(끝나다) かう(사다)
かく(쓰다) きる(자르다) しる(알다) しぬ(죽다) たつ(서다)
ちがう(다르다) とる(잡다) なる(되다) のる(타다) のむ(마시다)
もつ(갖다) もらう(받다) まつ(기다리다) はなす(이야기하다)
はしる(달리다) きく(듣다) へる(줄다) やる(하다) よむ(읽다)
よぶ(부르다) わかる(이해하다) かえる(귀가하다)

17 あう 〔만나다〕

만나다	あ+ (	)	あう
만났다	あ+ (	)	あった
만나지 않는다	あ+ (	)	*あわない
만나지 않았다	あ+ (	)	あわなかった
만납니다	あ+ (	)	あいます
만났습니다	あ+ (	)	あいました
만납니까	あ+ (	)	あいますか
만났습니까	あ+ (	)	あいましたか
만나지 않습니다	あ+ (	)	あいません
만나지 않았습니다	あ+ (	)	あいませんでした
만나지 않겠습니까	あ+ (	)	あいませんか
만나지 않았습니까	あ+ (	)	あいませんでしたか
만나서	あ+ (	)	あって
만나는 곳	あ+ (	)	あうところ
만나면	あ+ (	)	あえば
만나야지	あ+ (	)	あおう
만나라	あ+ (	)	あえ

A: きのう せんせいに あいましたか。

B: がっこうが やすみだったので あいませんでした。

A: 어제 선생님을 만났습니까.
B: 학교가 휴일이어서 만나지 않았습니다.

⤳ せんせい(先生) 선생님. '님' 자가 없어도 그 자체가 존칭입니다.
やすみ 휴일 | だった -였다 | ので 때문에.

A: おそいけど、これから あわない?

B: うん、あおう。

A: 늦었지만 지금 만나지 않을래?
B: 응 만나자.

⤳ おそい 늦다 | けど -지만 | これから 이제부터, 지금부터

A: ここで あうひとでも いますか。

B: はい。ともだちに あいます。

A: 여기서 만날 사람이라도 있습니까?
B: 네, 친구를 만납니다.

⤳ ともだち(友達) 친구, 동무. 우리말은 '친구를 만나다' 라고 조사 '를' 이 사용되지만
일본어는 に あう(-를 만나다)에서처럼 조사 に가 사용된다는 것 기억하세요.

A: さいきん かのじょに あっていませんか。

B: はい。ぜんぜん あっていません。

A: 요즘 여자친구와 안 만납니까?
B: 네, 전혀 만나지 않습니다.

⤳ さいきん(最近) 최근 | ぜんぜん(全然) 전혀

---

* ああない가 아니라 あわない가 되는 것에 주의하세요.

73

18 ある〔있다〕

있다	あ+(	)	ある
있었다	あ+(	)	あった
없다	(	)	*ない
없었다	(	)	なかった
있습니다	あ+(	)	あります
있었습니다	あ+(	)	ありました
있습니까	あ+(	)	ありますか
있었습니까	あ+(	)	ありましたか
없습니다	あ+(	)	ありません
없었습니다	あ+(	)	ありませんでした
없습니까	あ+(	)	ありませんか
없었습니까	あ+(	)	ありませんでしたか
있고	あ+(	)	あって
있는 곳	あ+(	)	あるところ
있다면	あ+(	)	あれば

A: へやの なかに なにが ありますか。

B: なにも ありません。

A: 방안에 무엇이 있습니까?
B: 아무것도 없습니다.

⇨ へや 방 | なにも 아무것도

A: こんばん、やくそく ある?

B: ない。

A: 오늘밤에 약속 있어?
B: 없어.

⇨ こんばん(今晩) 오늘밤 | やくそく(約束) 약속

A: おかねが あれば いえを かいたい。

B: いまは いえが ありませんか。

A: 돈이 있으면 집을 사고 싶어.
B: 지금은 집이 없습니까?

⇨ いえ(家) 집 | かいたい≒ かう(사다) + たい(싶다) | いま 지금

A: きのう、かいしゃで なにか ありましたか。

B: おおげんかが ありました。

A: 어제 회사에서 무슨 일 있었습니까?
B: 큰 싸움이 있었습니다.

⇨ かいしゃ(会社) 회사 | おおげんか 큰 싸움

---

* 부정형이 あらない가 되지 않고 ない라는 것, 꼭 기억하세요.

19 いう〔말하다〕

말하다	い + (	)	いう
말했다	い + (	)	いった
말하지 않는다	い + (	)	*いわない
말하지 않았다	い + (	)	いわなかった
말합니다	い + (	)	いいます
말했습니다	い + (	)	いいました
말합니까	い + (	)	いいますか
말했습니까	い + (	)	いいましたか
말하지 않습니다	い + (	)	いいません
말하지 않았습니다	い + (	)	いいませんでした
말하지 않겠습니까	い + (	)	いいませんか
말하지 않았습니까	い + (	)	いいませんでしたか
말하고	い + (	)	いって
말하는 곳	い + (	)	いうところ
말하면	い + (	)	いえば
말해야지	い + (	)	いおう
말해라	い + (	)	いえ

76

A: かれは なんと いいましたか。

B: なにも いいませんでした。

A: 그는 뭐라고 말했습니까?
B: 아무 말도 하지 않았습니다.

A: かのじょに あいしてると いった?

B: けっきょく いわなかった。

A: 그녀에게 사랑한다고 말했어?
B: 결국 말하지 않았어.

✿ あい(愛) 사랑, してると는 する의 て형(연결형)이 して이며 거기에 い가 생략되어 してる(하고 있다), とは '-라고'의 뜻이죠. 따라서 '사랑하고 있다고'의 뜻이 됩니다.
けっきょく(結局) 결국

A: おかねなら おとうさんに いえば もらえます。

B: それなら そうと はやく いってください。

A: 돈이라면 아버지한테 말하면 받을 수 있습니다.
B: 그렇다면 그렇다고 빨리 말해줘.

✿ もらえます는 もらう(받다)의 가능형, もらえる의 공손체죠.
いって는 いう(말하다)의 연결형이죠.

A: これは なんと いいますか。

B: それは うさぎと いいます。

A: 이것은 뭐라고 합니까?
B: 그것은 토끼라고 합니다.

✿ これ 이것 | なん 무엇 | とは -이라고 | それ 그것 | うさぎ 토끼

---

* いあない가 아니라 いわない인 것 아시죠? 꼭 기억하세요. う로 끝나는 2그룹 동사의 부정형은 꼬리가 あ가 아니라 わ로 바뀐 뒤 ない가 붙는다는 것 말이에요.

20 いく 〔 가다 〕

가다	い+ (	)	いく
갔다	い+ (	)	いった
가지 않는다	い+ (	)	いかない
가지 않았다	い+ (	)	いかなかった
갑니다	い+ (	)	いきます
갔습니다	い+ (	)	いきました
갑니까	い+ (	)	いきますか
갔습니까	い+ (	)	いきましたか
가지 않습니다	い+ (	)	いきません
가지 않았습니다	い+ (	)	いきませんでした
가지 않겠습니까	い+ (	)	いきませんか
가지 않았습니까	い+ (	)	いきませんでしたか
가서	い+ (	)	いって
가는 곳	い+ (	)	いくところ
가면	い+ (	)	いけば
가야지	い+ (	)	いこう
가라	い+ (	)	いけ

A: どこに いきますか。

B: ともだちと あそびに いきます。

A: 어디에 갑니까?
B: 친구와 놀러 갑니다.

⇨ あそび는 あそぶ(놀다)의 ます형입니다. | に いく는 '-하러 가다'로 동사의 ます형에
연결됩니다. 따라서 あそびに いく는 놀러 가다란 뜻이죠.

A: あなた、パンやさんに いった?

B: まだ。 いま いく。

A: 당신, 빵가게 갔다 왔어?
B: 아직, 지금 가.

⇨ パンや 빵가게, 빵집 | さん -씨 | に (조사) -에

A: どこへ いけば いいですか。

B: あそこへ いって まっていてください。

A: 어디로 가면 됩니까?
B: 저기로 가서 기다려 주세요.

⇨ へ -으로(방향), 그런데 발음 주의하세요. 조사로 쓰일 때는 '헤'가 아닌 '에'로 발음합니다.
あそこ 저기 | まって는 まつ(기다리다)의 て형, いて는 いる(있다)의 て형입니다.
따라서 まっていて는 '기다리고 있어'란 뜻이죠.

A: じゃ、いこう。

B: いくところは あるの?

A: 자, 가자.
B: 갈 곳은 있어?

79

21 あらう 〔씻다〕

씻다	あら + (	)	あらう
씻었다	あら + (	)	あらった
씻지 않는다	あら + (	)	*あらわない
씻지 않았다	あら + (	)	あらわなかった
씻습니다	あら + (	)	あらいます
씻었습니다	あら + (	)	あらいました
씻습니까	あら + (	)	あらいますか
씻었습니까	あら + (	)	あらいましたか
씻지 않습니다	あら + (	)	あらいません
씻지 않았습니다	あら + (	)	あらいませんでした
씻지 않겠습니까	あら + (	)	あらいませんか
씻지 않았습니까	あら + (	)	あらいませんでしたか
씻어서	あら + (	)	あらって
씻는 곳	あら + (	)	あらうところ
씻으면	あら + (	)	あらえば
씻어야지	あら + (	)	あらおう
씻어라	あら + (	)	あらえ

A: これを あらって ください。

B: せっけんで あらえば いいですか。

A: 이것을 씻어 주세요.
B: 비누로 씻으면 됩니까?

♢ せっけん 비누

A: てを あらいましたか。

B: けさ かおを あらうときに あらいました。

A: 손을 씻었습니까?
B: 오늘 아침에 세수를 할 때 씻었습니다.

♢ て(手) 손 | けさ 오늘 아침 | かお(顔) 얼굴 | とき(時) 때, 시기

A: この いちご あらった?

B: ごめん。 いま あらう。

A: 이 딸기 씻었어?
B: 미안해, 지금 씻을게.

♢ いちご 딸기, ごめん くださいだ 용서하세요, 실례합니다.
친근한 사이에는 ごめん만으로 사용한다.

A: この ズボン あらいませんか。

B: まだ きれいですが、 もう あらいますか。

A: 이 바지 세탁하지 않을래요?
B: 아직 깨끗한데 벌써 세탁해요?

♢ ズボン 바지, 쓰봉으로 발음하지 마세요. | きれいだ 아름답다, 깨끗하다

81

Check Time

1. 동사의 활용형태를 적어보세요.

만나지 않는다	あ +			

없다			

말했다	い +		

가서	い +		

씻지 않았습니다	あら +							

2. 다음의 대화들을 보고 ( ) 안에 적당한 말을 넣으세요.

A: おそいけど、これから あわない?

B: うん、(　　　　　　　　　)。

A: 늦었지만 지금 만나지 않을래?
B: 응, 만나자.

A: おかねが (　　　　　　　　　) いえを かいたい。

B: いまは いえが ありませんか。

A: 돈이 있으면 집을 사고 싶어.
B: 지금은 집이 없습니까?

A: かのじょに あいしてると いった?

B: けっきょく（　　　　　　　　）。

A: 그녀에게 사랑한다고 말했어?
B: 결국 말하지 않았어.

A: じゃ、いこう。

B:（　　　　　　　　）ところは あるの?

A: 그럼, 가야지.
B: 갈 곳은 있어?

A: この いちご（　　　　　　　　）?

B: ごめん。いま あらう。

A: 이 딸기 씻었어?
B: 미안해, 지금 씻을게.

정답|
1. あいたい / ない / いった / いうと / いらなかった / いく / あらった
2. あめう / あれば / あめかえった / いやがった / しいた / くさい / あらった

팔다	う + (	)	うる
팔았다	う + (	)	うった
팔지 않는다	う + (	)	うらない
팔지 않았다	う + (	)	うらなかった
팝니다	う + (	)	うります
팔았습니다	う + (	)	うりました
팝니까	う + (	)	うりますか
팔았습니까	う + (	)	うりましたか
팔지 않습니다	う + (	)	うりません
팔지 않았습니다	う + (	)	うりませんでした
팔지 않겠습니까	う + (	)	うりませんか
팔지 않았습니까	う + (	)	うりませんでしたか
팔아서	う + (	)	うって
파는 곳	う + (	)	うるところ
팔면	う + (	)	うれば
팔아야지	う + (	)	うろう
팔아라	う + (	)	うれ

A: なにを うっていますか。

B: おかしを うっています。

A: 무엇을 팔고 있습니까?
B: 과자를 팔고 있습니다.

⇨ おかし 과자

A: それを うれば もうかります。

B: でも、ひとつしか ないので うりません。

A: 그것을 팔면 돈을 벌 수 있습니다.
B: 하지만 하나밖에 없기 때문에 팔지 않겠습니다.

⇨ しか '-밖에' 뒤에 부정어를 동반한다.

A: これも うる?

B: それは たいせつだから うらない。

A: 이것도 팔래?
B: 그것은 소중한 거니까 안 팔래.

⇨ たいせつ(大切)だ 소중하다

A: もう うるものが ないね。

B: これも うろう。

A: 이제 팔 것이 없네.
B: 이것도 팔자.

おもう〔생각하다〕

생각하다	おも + (	)	おもう
생각했다	おも + (	)	おもった
생각하지 않는다	おも + (	)	*おもわない
생각하지 않았다	おも + (	)	おもわなかった
생각합니다	おも + (	)	おもいます
생각했습니다	おも + (	)	おもいました
생각합니까	おも + (	)	おもいますか
생각했습니까	おも + (	)	おもいましたか
생각하지 않습니다	おも + (	)	おもいません
생각하지 않았습니다	おも + (	)	おもいませんでした
생각하지 않습니까	おも + (	)	おもいませんか
생각하지 않았습니까	おも + (	)	おもいませんでしたか
생각하고	おも + (	)	おもって
생각하는 곳	おも + (	)	おもうところ
생각하면	おも + (	)	おもえば
생각해야지	おも + (	)	おもおう
생각해라	おも + (	)	おもえ

A: これに ついて どう おもいますか。

B: あまり よくないと おもいます。

A: 이것에 대해서 어떻게 생각합니까?
B: 별로 좋지 않다고 생각합니다.

↪ に ついて 에 대해 | あまり 너무, 지나치게, 별로, 그다지

A: これで いいと おもいませんか。

B: わるいとは おもいません。

A: 이걸로 됐다고 생각하지 않습니까?
B: 나쁘다고는 생각하지 않습니다.

A: わたしのこと どう おもってるの?

B: むかしは いいひとだと おもった。

A: 나를 어떻게 생각하고 있어?
B: 예전에는 좋은 사람이라고 생각했어.

↪ わたしのこと 나에 관한 것, 나의 일 | むかし(昔) 옛날, 예전

A: いま おもえば しあわせでした。

B: わたしも そう おもいました。

A: 지금 생각해 보니 행복했습니다.
B: 저도 그렇게 생각했습니다.

↪ しあわせ 행복 | そう 그렇게

24	おわる 〔 끝나다 〕

끝나다	おわ+ (	)	おわる
끝났다	おわ+ (	)	おわった
끝나지 않는다	おわ+ (	)	おわらない
끝나지 않았다	おわ+ (	)	おわらなかった
끝납니다	おわ+ (	)	おわります
끝났습니다	おわ+ (	)	おわりました
끝납니까	おわ+ (	)	おわりますか
끝났습니까	おわ+ (	)	おわりましたか
끝나지 않습니다	おわ+ (	)	おわりません
끝나지 않았습니다	おわ+ (	)	おわりませんでした
끝나지 않습니까	おわ+ (	)	おわりませんか
끝나지 않았습니까	おわ+ (	)	おわりませんでしたか
끝나고	おわ+ (	)	おわって
끝나는 곳	おわ+ (	)	おわるところ
끝나면	おわ+ (	)	おわれば
끝내야지	おわ+ (	)	おわろう
끝내라	おわ+ (	)	おわれ

A: しごとは いつ おわる?

B: もう おわったけど、どうして?

A: 일은 언제 끝나?
B: 벌써 끝났는데 왜?

⟡ しごと(仕事) 일 | もう 벌써, 이미

A: それは なんじに おわりますか。

B: もう すこしで おわります。

A: 그것은 몇 시에 끝납니까?
B: 조금 있으면 끝납니다.

⟡ なんじ(何時) 몇 시 | すこし 조금

A: かいぎが はやく おわれば いいのに。

B: すぐには おわらないと おもう。

A: 회의가 빨리 끝나면 좋을 텐데.
B: 금방은 끝나지 않을 거야.

⟡ かいぎ(会議) 회의 | のに -한데, -는데, 텐데 | すぐ 곧, 바로, 즉시

A: へやの そうじは おわりましたか。

B: まだ おわっていません。

A: 방 청소는 끝났습니까?
B: 아직 끝나지 않았습니다.

⟡ そうじ 청소 | まだ 아직

25 かう 〔 사다 〕

사다	か + (	)	かう
샀다	か + (	)	かった
사지 않는다	か + (	)	かわない
사지 않았다	か + (	)	かわなかった
삽니다	か + (	)	かいます
샀습니다	か + (	)	かいました
삽니까	か + (	)	かいますか
샀습니까	か + (	)	かいましたか
사지 않습니다	か + (	)	かいません
사지 않았습니다	か + (	)	かいませんでした
사지 않겠습니까	か + (	)	かいませんか
사지 않았습니까	か + (	)	かいませんでしたか
사서	か + (	)	かって
사는 곳	か + (	)	かうところ
사면	か + (	)	かえば
사야지	か + (	)	かおう
사라	か + (	)	かえ

90

A: きょうは なにを かいましたか。

B: かいたいものが なかったので、なにも かいませんでした。

A: 오늘은 뭘 샀어요?
B: 사고 싶은 게 없어서 아무 것도 안 샀어요.

⇨ かいたい는 かう(사다)＋たい(-하고 싶다), たい와 연결될 때는 ます형처럼 생각하면 됩니다. なかった는 ない의 과거형이죠.

A: これ、かってくれない?

B: かってあげたいけど、うっている ところが ない。

A: 이거 안 사줄래?
B: 사주고 싶은데 파는 데가 없어.

⇨ あげたい는 あげる(해주다, 해드리다)＋たい(-하고 싶다)
けど는 けれど의 준말로 "-지만, 그러나, -는데"의 뜻이 있습니다.

A: かわいい。わたし、これ かう。

B: おれも きのう それ かった。

A: 귀여워라, 나 이거 살래.
B: 나도 어제 그거 샀어.

⇨ かわいい 귀엽다, 예쁘다 | おれ 나 (일인칭, 주로 남자들이 사용)

A: これ かいませんか。とても やすいですよ。

B: それを かえば あれも もらえますか。

A: 이거 안 살래요? 아주 싸요.
B: 그걸 사면 저것도 줍니까(받을 수 있습니까)?

⇨ とても 매우, 대단히 | やすい 싸다 | もらえます는 もらう(받다)의 공손가능형.
もらう → もらえる → もらえます
(*1그룹 동사의 가능형은 어미를 え단으로 바꾼 후 る만 붙이면 됩니다)

쓰다	か+ (	)	かく
썼다	か+ (	)	*かいた
쓰지 않는다	か+ (	)	かかない
쓰지 않았다	か+ (	)	かかなかった
씁니다	か+ (	)	かきます
썼습니다	か+ (	)	かきました
씁니까	か+ (	)	かきますか
썼습니까	か+ (	)	かきましたか
쓰지 않습니다	か+ (	)	かきません
쓰지 않았습니다	か+ (	)	かきませんでした
쓰지 않겠습니까	か+ (	)	かきませんか
쓰지 않았습니까	か+ (	)	かきませんでしたか
써서	か+ (	)	*かいて
쓰는 곳	か+ (	)	かくところ
쓰면	か+ (	)	かけば
써야지	か+ (	)	かこう
써라	か+ (	)	かけ

A: あなたが てがみを かきましたか。

B: いいえ、ともだちが かきました。

A: 당신이 편지를 썼습니까?
B: 아뇨. 친구가 썼습니다.

⇨ てがみ(手紙) 편지 | ともだち(友達) 친구

A: これは どうやって かきますか。

B: ここを おして かきます。

A: 이것은 어떻게 씁니까?
B: 여기를 누르고 씁니다.

⇨ どうやっては どう(어떻게)＋やって(やる: 하다의 て형) 따라서 '어떻게 해서' 라는
의미네요. おしては おす(누르다)의 연결형(て형)이죠. 이것 역시 2그룹동사네요.

A: ここに なまえを かいて ください。

B: なまえだけ かけば いいんですね。

A: 여기에 이름을 써 주세요.
B: 이름만 쓰면 되는군요.

⇨ なまえ(名前) 이름 | だけ 만, 뿐

A: かく ところが ない。 どこに かいた?

B: だから わたしも かかなかった。

A: 쓸 곳이 없네. 어디에 적었어?
B: 그래서 나도 못 적었어.

---

* 이 동사의 연결형이 규칙대로라면 かった나 かって가 되어야겠지요? 이 놈이 바로 튀고 싶어하
는 녀석으로 과거형은 かいた, 연결형인 경우는 かいて로 변한답니다. 그냥 외우세요.

Check Time

1. 동사의 활용형태를 적어보세요.

팔아서   う + ☐☐

생각했습니다   おも + ☐☐☐☐

끝났다   おわ + ☐☐

사면   か + ☐☐

써서   か + ☐☐

2. 다음의 대화들을 보고 ( ) 안에 적당한 말을 넣으세요.

A: これも うる?

B: それは たいせつだから (　　　　　　　)。

A: 이것도 팔래?
B: 그것은 소중한 거니까 안 팔래.

A: これで いいと (　　　　　　　)。

B: わるいとは おもいません。

A: 이걸로 좋다고 생각하지 않습니까?
B: 나쁘다고는 생각하지 않습니다.

A: かいぎが はやく （　　　　　　　　） いいのに。

B: すぐには おわらないと おもう。

A: 회의가 빨리 끝나면 좋을 텐데.
B: 금방은 끝나지 않을 거라고 생각해.

A: これ、（　　　　　　　　）くれない?

B: かってあげたいけど、うっている ところが ない。

A: 이거 안 사줄래?
B: 사주고 싶은데 파는 데가 없어.

A: ここに なまえを かいて ください。

B: なまえだけ （　　　　　　　　） いいんですね。

A: 여기에 이름을 써 주세요.
B: 이름만 쓰면 되는군요.

정답 | 1. うって / おもいました / あった / おもった / かいて
2. うらない / おもいました / かわない / おもった / かいて

きる [자르다]

자르다	き + (	)	きる
잘랐다	き + (	)	きった
자르지 않는다	き + (	)	きらない
자르지 않았다	き + (	)	きらなかった
자릅니다	き + (	)	きります
잘랐습니다	き + (	)	きりました
자릅니까	き + (	)	きりますか
잘랐습니까	き + (	)	きりましたか
자르지 않습니다	き + (	)	きりません
자르지 않았습니다	き + (	)	きりませんでした
자르지 않겠습니까	き + (	)	きりませんか
자르지 않았습니까	き + (	)	きりませんでしたか
자르고	き + (	)	きって
자르는 곳	き + (	)	きるところ
자르면	き + (	)	きれば
잘라야지	き + (	)	きろう
잘라라	き + (	)	きれ

A: かみを きりましたか。

B: はい、きのう きりました。

A: 머리를 잘랐습니까?
B: 예, 어제 잘랐습니다.

⇨ かみ(髪) 머리털

A: これ、いま きる?

B: いま きっても いいけど、あとで きろう。

A: 이거 지금 자를 거야?
B: 지금 잘라도 되지만 나중에 자르자.

⇨ あと(後) 후, 나중 | いま(今) 지금, 현재

A: もう すこし きりますか。

B: いいえ、きらないでください。

A: 좀더 자르겠습니까?
B: 아뇨, 자르지 말아 주세요.

⇨ ないでください −말아 주세요. きらないで 자르지 마.

A: だれが でんわを きった?

B: わたしは きらなかった。

A: 누가 전화를 끊었어?
B: 나는 안 끊었어.

⇨ だれ 누구 | でんわ(電話) 전화

28 しる 〔 알다 〕

알다	し + ( )	しる
알았다	し + ( )	しった
모른다	し + ( )	しらない
몰랐었다	し + ( )	しらなかった
압니다	し + ( )	しります
알았습니다	し + ( )	しりました
압니까	し + ( )	しりますか
알았습니까	し + ( )	しりましたか
몰랐습니다	し + ( )	しりません
몰랐었습니다	し + ( )	しりませんでした
모릅니까	し + ( )	しりませんか
몰랐었습니까	し + ( )	しりませんでしたか
알고	し + ( )	しって
아는 곳	し + ( )	しるところ
안다면	し + ( )	しれば
알자	し + ( )	しろう
알아라	し + ( )	しれ

A: かれの なまえを しっていますか。

B: わたしは しりません。

A: 그의 이름을 압니까?
B: 저는 모릅니다.

↪ 우리말로는 압니까?지만 일본어로 표현할 때는 항상 て형을 써야 합니다. 따라서 알아?
라고 물을 때는 しっている?로 표현해야 합니다. い는 생략해도 되는 거 아시죠?

A: きのうのこと、 しってる?

B: いや、おれは なにも しらない。

A: 어제 일 알고 있어?
B: 아니, 나는 아무 것도 몰라.

↪ いや 아니 | おれ 나(주로 남자가 사용)

A: この ひと しりませんか。

B: この ひとなら よく しっています。

A: 이 사람 모르시겠습니까?
B: 이 사람이라면 잘 알고 있습니다.

↪ なら는 "-이면"으로 해석합니다. 동사와 형용사는 원형에 연결되고 형용동사는
어미 だ를 빼고 연결시키면 됩니다. いくなら(간다면), おいしいなら(맛있으면),
きれいなら(예쁘면).

A: かれは しれば しるほど みりょくてき。

B: ほんとうの すがたを しらないから…。

A: 그는 알면 알수록 매력적이야.
B: 본모습을 몰라서 그렇지…

↪ みりょくてき(魅力的) 매력적 | ほんとう(本当) 정말, 진실 | すがた(姿) 모양, 모습

99

29 しぬ 〔죽는다〕

죽는다	し + (	)	しぬ
죽었다	し + (	)	*しんだ
죽지 않는다	し + (	)	しなない
죽지 않았다	し + (	)	しななかった
죽습니다	し + (	)	しにます
죽었습니다	し + (	)	しにました
죽습니까	し + (	)	しにますか
죽었습니까	し + (	)	しにましたか
죽지 않습니다	し + (	)	しにません
죽지 않았습니다	し + (	)	しにませんでした
죽지 않겠습니까	し + (	)	しにませんか
죽지 않았습니까	し + (	)	しにませんでしたか
죽어서	し + (	)	*しんで
죽는 곳	し + (	)	しぬところ
죽으면	し + (	)	しねば
죽어야지	し + (	)	しのう
죽어라	し + (	)	しね

A: いきてる?

B: しんでる。かのじょに ふられた。

　　A: 살아 있어?
　　B: 죽음이야. 여자친구한테 채였어.

　　⇨ 원래는 いきている에서 い가 생략된 거죠.
　　　 ふられる(채이다)는 ふる(振る: 뿌리치다, 거절하다)의 수동형입니다.

A: いぬが しんで います。

B: きのうは うちの ねこも しにました。

　　A: 개가 죽어 있습니다.
　　B: 어제는 우리 고양이도 죽었습니다.

　　⇨ いぬ(犬) 개 | うち(内) 내부, 속, 자기 집 | ねこ(猫) 고양이

A: あの ひと さっき しななかった?

B: えいがだから しなないよ。

　　A: 저 사람 아까 죽지 않았어?
　　B: 영화니까 죽지 않아.

　　⇨ さっき(先) 아까, 조금 전 | えいが(映画) 영화

A: しぬまで あなたを あいします。

B: それじゃ、しねば わかれますか。

　　A: 죽을 때까지 당신을 사랑할 겁니다.
　　B: 그러면 죽으면 헤어집니까?

　　⇨ まで -까지 | あいします는 あいする(사랑하다)의 공손체입니다.
　　　 それじゃ는 それでは의 회화체죠. わかれますか는 わかれる(헤어지다)의
　　　 공손의문체죠.

* 튀고 싶은 동사가 또 나왔군요. 일본어의 2그룹동사 중에 꼬리가 ぬ, ぶ, む로 끝나는 동사는 공
손체가 아닌 과거형을 만들 때나 연결형 て와 만날 때 촉음 っ대신 ん이 들어갑니다. 그리고 발음
의 편의상 과거형의 경우 た가 아닌 だ, 연결형인 경우는 て가 아닌 で가 된다는 꼭 명심하십시오.

101

30 たつ 〔 서다 〕

서다	た+(	)	たつ
섰다	た+(	)	たった
서지 않는다	た+(	)	たたない
서지 않았다	た+(	)	たたなかった
섭니다	た+(	)	たちます
섰습니다	た+(	)	たちました
섭니까	た+(	)	たちますか
섰습니까	た+(	)	たちましたか
서지 않습니다	た+(	)	たちません
서지 않았습니다	た+(	)	たちませんでした
서지 않겠습니까	た+(	)	たちませんか
서지 않았습니까	た+(	)	たちませんでしたか
서서	た+(	)	たって
서는 곳	た+(	)	たつところ
서면	た+(	)	たてば
서야지	た+(	)	たとう
서라	た+(	)	たて

A: あの ひとには はが たちません。

B: ほんとうに はらが たつくらいです。

A: 그 사람은 당해낼 수 없습니다.
B: 정말로 화가 날 정도입니다.

↪ はが たちません은 は(歯)が たたない(못 당하다, 벅차다)의 공손체입니다.
  はら(腹)が たつ는 "화가 나다"란 뜻입니다. | くらい 정도, 만큼, 쯤

A: そこの あなた、ちょっと たってください。

B: はい、たちましたが、なにか?

A: 저기 당신, 잠깐 서 주세요.
B: 네, 섰습니다만, 무슨?

A: ひとが おおくて たつところが ない。

B: あっちで たっていれば いいよ。

A: 사람이 많아서 설 곳이 없어.
B: 저기에 서 있으면 되지.

↪ おおくて는 おおい(많다)의 연결형(て형)이죠. 형용사 어미 い가 く로 바뀌고
  て가 붙습니다. | ところ(所) 곳, 장소

A: そうなると、 わたしの かおが たちません。

B: わたしも おなじです。

A: 그렇게 되면 제 체면이 서지 않습니다.
B: 저도 마찬가지입니다.

↪ そうなるとは そう(그렇게) なる(되다) と(-면). | かお(顔: 얼굴)が たつ 체면이 서다.
  おなじ(同じ) 같음, 동일

103

ちがう〔다르다, 틀리다〕

다르다	ちが+ (	)	ちがう
달랐다	ちが+ (	)	ちがった
다르지 않다	ちが+ (	)	ちがわない
다르지 않았다	ちが+ (	)	ちがわなかった
다릅니다	ちが+ (	)	ちがいます
달랐습니다	ちが+ (	)	ちがいました
다릅니까	ちが+ (	)	ちがいますか
달랐습니까	ちが+ (	)	ちがいましたか
다르지 않습니다	ちが+ (	)	ちがいません
다르지 않았습니다	ちが+ (	)	ちがいませんでした
다르지 않습니까	ちが+ (	)	ちがいませんか
다르지 않았습니까	ちが+ (	)	ちがいませんでしたか
다르고	ちが+ (	)	ちがって
다른 곳	ちが+ (	)	ちがうところ
다르면	ちが+ (	)	ちがえば

A: せんせい、こたえが ちがいます。

B: いいえ。よく みて ください。

A: 선생님, 답이 틀립니다.
B: 아뇨, 잘 보세요.

⇨ こたえ(答え) 대답 | よく 잘, 자주.

A: これと それは ちがう?

B: べつに ちがわないと おもう。

A: 이것과 저것은 달라?
B: 별로 다르지 않다고 생각해.

⇨ べつに(別に) 별로, 특별히 | おもう(思う) 생각하다

A: どこが ちがいますか。

B: よくわかりませんが、 どこか ちがいます。

A: 어디가 다릅니까?
B: 잘 모르겠습니다만 어딘가 다릅니다.

⇨ どこ 어디 | が 이, 가(주격조사) | どこか(어딘지)의 か는 불확실한 추정을 나타냅니다.

A: また ちがうひとが きた。

B: ほんとうだ。きのうの ひとと ちがう。

A: 또 다른 사람이 왔어.
B: 정말, 어제 사람이랑 다르다.

⇨ きたは 3그룹동사로 くる(오다)의 과거형으로 활용이 규칙적이지 않아 외워야 합니다.
뒤에 나옵니다. くる→きて(오고)→きた(왔다)→きます(옵니다)

Check Time

1. 동사의 활용형태를 적어보세요.

잘랐다   き + ☐☐

알고   し + ☐☐

죽었다   し + ☐☐

서지 않겠습니까   た + ☐☐☐☐☐

다르지 않다   ちが + ☐☐☐

2. 다음의 대화들을 보고 ( ) 안에 적당한 말을 넣으세요.

A: かみを （　　　　　　　）。

B: はい、きのう きりました。

A: 머리를 잘랐습니까?
B: 예, 어제 잘랐습니다.

A: この ひと しりませんか。

B: この ひとなら よく （　　　　　　　）います。

A: 이 사람 모르시겠습니까?
B: 이 사람이라면 잘 알고 있습니다.

A: あの ひと さっき（　　　　　　　）?

B: えいがだから しなないよ。

A: 저 사람 아까 죽지 않았어?
B: 영화니까 죽지 않아.

A: ひとが おおくて たつところが ない。

B: あっちで（　　　　　　　）いれば いいよ。

A: 사람이 많아서 설 곳이 없어.
B: 저기에 서면 되.

A: これと それは ちがう?

B: べつに（　　　　　　　）と おもう。

A: 이것과 저것은 달라?
B: 별로 다르지 않다고 생각해.

32 とる〔잡다〕

잡다	と + (	)	とる
잡았다	と + (	)	とった
잡지 않는다	と + (	)	とらない
잡지 않았다	と + (	)	とらなかった
잡습니다	と + (	)	とります
잡았습니다	と + (	)	とりました
잡습니까	と + (	)	とりますか
잡았습니까	と + (	)	とりましたか
잡지 않습니다	と + (	)	とりません
잡지 않았습니다	と + (	)	とりませんでした
잡지 않겠습니까	と + (	)	とりませんか
잡지 않았습니까	と + (	)	とりませんでしたか
잡아서	と + (	)	とって
잡는 곳	と + (	)	とるところ
잡으면	と + (	)	とれば
잡아야지	と + (	)	とろう
잡아라	と + (	)	とれ

108

A: しお、とってください。

B: これですか。はい、どうぞ。

A: 소금 집어 주세요.
B: 이것 말입니까? 자 여기.

↪ しお(塩) 소금 | どうぞ는 알아두면 매우 유용한 말입니다. 음식을 권할 때,
　줄을 설 때 등등 상대방에게 먼저 하라는 의미로 아주 광범위하게 쓰입니다.

A: えいがかんの せきは とりましたか。

B: いいえ、 ひとが おおくて とる ことが できませんでした。

A: 영화관 자리 잡았어요?
B: 아뇨, 사람이 많아서 못 잡았어요.

↪ えいがかん(映画館) 영화관 | せき(席) 자리

A: メモ とった?

B: かんたんな ないようだったから とらなかった。

A: 메모했어?
B: 간단한 내용이었기 때문에 하지 않았어.

↪ メモ(memo) 메모 | かんたん(簡単: 간단)な 형용동사 かんたんだ(간단하다)의 명
　사 수식형입니다. 형용동사의 어미 だ가 빠지고 な를 넣으면 됩니다.
　きれいだ(예쁘다) - きれいな ひと(예쁜 사람)

A: わたしも としを とりました。

B: わたしより まだ わかいでしょう。

A: 저도 나이를 먹었습니다.
B: 저보다 아직 젊잖아요.

↪ とし(年: 나이)を とる 나이를 먹다 | より -보다

なる〔되다〕

되다	な+ (	)	なる
되었다	な+ (	)	なった
되지 않는다	な+ (	)	ならない
되지 않았다	な+ (	)	ならなかった
됩니다	な+ (	)	なります
되었습니다	な+ (	)	なりました
됩니까	な+ (	)	なりますか
되었습니까	な+ (	)	なりましたか
되지 않습니다	な+ (	)	なりません
되지 않았습니다	な+ (	)	なりませんでした
되지 않겠습니까	な+ (	)	なりませんか
되지 않았습니까	な+ (	)	なりませんでしたか
되어서	な+ (	)	なって
되는 곳	な+ (	)	なるところ
되면	な+ (	)	なれば
되어야지	な+ (	)	なろう
되어라	な+ (	)	なれ

A: そのあと どうなった?

B: しあわせには ならなかった。

A: 그 후에 어떻게 됐어?
B: 행복해지진 않았어.

⇨ しあわせ(幸せ) 운수, 운, 행복

A: そつぎょう したら なにに なる?

B: かいしゃいんには なりません。

A: 졸업하면 뭐 할 거야(뭐가 될 거야)?
B: 회사원은 안 될 겁니다.

⇨ そつぎょう(卒業) 졸업 | かいしゃいん(会社員) 회사원

A: これから ここは どうなりますか。

B: おおきな かわに なります。

A: 이제 여기는 어떻게 됩니까?
B: 큰 강이 될 겁니다.

⇨ おおきい(大きい) 크다 | おおきな 큰, い형용사 중 예외적으로 な를 동반합니다.
かわ(川) 강, 하천 | に なる -이 되다

A: こおりは どう なりましたか。

B: もう みずに なってしまいました。

A: 얼음은 어떻게 됐습니까?
B: 벌써 물이 돼버렸습니다.

⇨ こおり(氷) 얼음 | みず(水) 물 | しまいました는 しまう(-버리다)의 과거공손체죠.

111

타다	の + (	)	のる
탔다	の + (	)	のった
타지 않는다	の + (	)	のらない
타지 않았다	の + (	)	のらなかった
탑니다	の + (	)	のります
탔습니다	の + (	)	のりました
탑니까	の + (	)	のりますか
탔습니까	の + (	)	のりましたか
타지 않습니다	の + (	)	のりません
타지 않았습니다	の + (	)	のりませんでした
타지 않겠습니까	の + (	)	のりませんか
타지 않았습니까	の + (	)	のりませんでしたか
타고	の + (	)	のって
타는 곳	の + (	)	のるところ
타면	の + (	)	のれば
타야지	の + (	)	のろう
타라	の + (	)	のれ

A: バスと タクシー、どっちに のりますか。

B: わたしは バスに のります。

A: 버스랑 택시, 어느 걸 타겠습니까?
B: 저는 버스를 타겠습니다.

↪ バス(bus) 버스 | タクシー(taxi) 택시 | どっち 어느 쪽. | "-를 타다"라고 할 때 우리말
은 목적격 조사 '을, 를'을 사용하지만 일본어는 -に のる처럼 조사 を가 아닌 に를 사
용하는 것에 주의하세요.

A: きょうも じてんしゃに のってきましたか。

B: じかんが なかったので ちかてつに のりました。

A: 오늘도 자전거를 타고 왔습니까?
B: 시간이 없어서 지하철을 탔습니다.

↪ じてんしゃ(自転車) 자전거 | じかん(時間) 시간 | ちかてつ(地下鉄) 지하철

A: でんしゃに のれば すずしいよ。

B: じゃ、でんしゃに のろう。

A: 전철을 타면 시원해.
B: 그럼 전철을 타야지.

↪ でんしゃ(電車) 전차 | すずしい 시원하다 | じゃ는 では의 회화체

A: くるまで いく? それとも あるく?

B: あなたの くるまには のらない。

A: 차로 갈래? 아니면 걸을래?
B: 당신 차에는 타지 않을래.

↪ くるま(車) 차 | それとも 그렇지 않으면 | あるく(歩く) 걷다, 산책하다

마시다	の + (	)	のむ
마셨다	の + (	)	*のんだ
마시지 않는다	の + (	)	のまない
마시지 않았다	の + (	)	のまなかった
마십니다	の + (	)	のみます
마셨습니다	の + (	)	のみました
마십니까	の + (	)	のみますか
마셨습니까	の + (	)	のみましたか
마시지 않습니다	の + (	)	のみません
마시지 않았습니다	の + (	)	のみませんでした
마시지 않겠습니까	の + (	)	のみませんか
마시지 않았습니까	の + (	)	のみませんでしたか
마시고	の + (	)	*のんで
마시는 곳	の + (	)	のむところ
마시면	の + (	)	のめば
마셔야지	の + (	)	のもう
마셔라	の + (	)	のめ

A: あなたも ぎゅうにゅうを のみますか。

B: ぎゅうにゅうなら こどものときに たくさん のみました。

A: 당신도 우유를 마시겠습니까?
B: 우유라면 어렸을 때 많이 마셨습니다.

⇨ ぎゅうにゅう(牛乳) 우유 | こども(子供) 어린 아이 | たくさん(沢山) 많음

A: あついから いっぱい のまない?

B: いいね。ビールでも のもう。

A: 더우니까 한잔 안 할래?
B: 좋지. 맥주라도 마시자.

⇨ あつい(熱い) 뜨겁다 | いっぱい(一杯) 가득, 한잔 | ビール(beer) 맥주

A: この くすりを のんで ください。

B: それを のめば なおりますか。

A: 이 약을 드세요.
B: 그것을 먹으면 낫습니까?

⇨ くすり(薬) 약. '약을 먹다'가 아니고 '마시다(のむ)'라고 표현합니다.
 なおりますか는 なおる(直: 고쳐지다, 회복되다)의 공손의문형이죠.
 이제 생긴 것만 보면 몇 그룹 동사인지 아시죠. 네, 2그룹동사지요.

A: わたしと おさけでも のみませんか。

B: きょうは いっしょに のむひとが いないんですか。

A: 저랑 술이라도 마시지 않겠습니까?
B: 오늘은 같이 마실 사람이 없습니까?

⇨ おさけ(お酒) 술 | でも -라도 | いないんですか의 ん은 별다른 뜻은 없고
 회화체에서 많이 사용됩니다.

---

* 앞에서 설명했듯이 ぬ, ぶ, む로 끝나는 동사는 과거형의 경우 촉음 대신 ん이 들어가고 발음의
 편의상 たた가 だ가 되고 て는 で가 된다는 것 기억하고 계시죠?

36 もつ 〔 들다, 가지다 〕

들다	も + (	)	もつ
들었다	も + (	)	もった
들지 않는다	も + (	)	もたない
들지 않았다	も + (	)	もたなかった
듭니다	も + (	)	もちます
들었습니다	も + (	)	もちました
듭니까	も + (	)	もちますか
들었습니까	も + (	)	もちましたか
들지 않습니다	も + (	)	もちません
들지 않았습니다	も + (	)	もちませんでした
들지 않겠습니까	も + (	)	もちませんか
들지 않았습니까	も + (	)	もちませんでしたか
들고	も + (	)	もって
드는 곳	も + (	)	もつところ
들면	も + (	)	もてば
들어야지	も + (	)	もとう
들어라	も + (	)	もて

116

A: なにを もって いますか。

B: おもしろい ビデオを もって います。

A: 뭘 갖고 있습니까?
B: 재미있는 비디오를 갖고 있습니다.

↪ おもしろい 재미있다 | ビデオ(video) 비디오

A: この にもつは だれが もちますか。

B: おもくないから わたしが もちます。

A: 이 짐은 누가 들죠?
B: 무겁지 않으니 제가 들게요.

↪ にもつ(荷物) 화물, 짐 | おもい(重い) 무겁다, おもくない 무겁지 않다

A: おおきいから いっしょに もとう。

B: だいじょうぶ。ひとりで もつ。

A: 크니까 같이 들자.
B: 괜찮아. 혼자서 들게.

↪ だいじょうぶ(大丈夫) 괜찮음, 걱정 없음 | ひとり(一人) 한 사람

A: それは あなたが もって。

B: どうして わたしが もたないと いけないんですか。

A: 그것은 네가 들어.
B: 왜 내가 들어야 하죠?

↪ いけないんですか는 いけない(안 된다)의 공손의문체에 회화체의 ん이 들어간 것입니다.

Check Time

1. 동사의 활용형태를 적어보세요.

잡지 않았습니다   と + □□□□□□□

되어라   な + □

타지 않았다   の + □□□□□

마셨다   の + □□

듣니다   も + □□□

2. 다음의 대화들을 보고 ( ) 안에 적당한 말을 넣으세요.

A: メモ (　　　　　　　　)?

B: かんたんな ないようだったから とらなかった。

A: 메모했어?
B: 간단한 내용이었기 때문에 하지 않았어.

A: そつぎょう したら なにに なる?

B: かいしゃいんには (　　　　　　　　)。

A: 졸업하면 뭐 할 거야(뭐가 될 거야)?
B: 회사원은 안 될 겁니다.

A: きょうも　じてんしゃに　（　　　　　　　　）きましたか。

B: じかんが　なかったので　ちかてつに　のりました。

A: 오늘도 자전거를 타고 왔습니까?
B: 시간이 없어서 지하철을 탔습니다.

A: この　くすりを　（　　　　　　　　）　ください。

B: それを　のめば　なおりますか。

A: 이 약을 드세요.
B: 그것을 먹으면 낫습니까?

A: おおきいから　いっしょに　（　　　　　　　　）。

B: だいじょうぶ。ひとりで　もつ。

A: 크니까 같이 들자.
B: 괜찮아. 혼자서 들 거야.

|정답| 1. とりあえつ / たべて / のではわった / のとて / もちます

2. どたく / ノなの / ノとの / なきわた / のうと / もちあう

もらう 〔받다〕

받다	もら + (	)	もらう
받았다	もら + (	)	もらった
받지 않는다	もら + (	)	*もらわない
받지 않았다	もら + (	)	もらわなかった
받습니다	もら + (	)	もらいます
받았습니다	もら + (	)	もらいました
받습니까	もら + (	)	もらいますか
받았습니까	もら + (	)	もらいましたか
받지 않습니다	もら + (	)	もらいません
받지 않았습니다	もら + (	)	もらいませんでした
받지 않겠습니까	もら + (	)	もらいませんか
받지 않았습니까	もら + (	)	もらいませんでしたか
받아서	もら + (	)	もらって
받는 곳	もら + (	)	もらうところ
받으면	もら + (	)	もらえば
받아야지	もら + (	)	もらおう
받아라	もら + (	)	もらえ

A: ともだちから なにを もらいましたか。

B: なにも もらいませんでした。

A: 친구에게서 무엇을 받았습니까?
B: 아무것도 받지 않았습니다.

A: これ、うけとって ください。

B: これは わたしが もらうものでは ないと おもいます。

A: 이거 받으세요.
B: 이것은 제가 받을 게 아니라고 생각합니다.

⇨ うけとる(受取る) 수취하다, 받다 | もの(物) 물건, 것 | ではない ―이 아니다.

A: かわいい。これ もらっても いい?

B: うん。ぜんぶ もって いって。

A: 귀엽다. 이것 가져도 돼?
B: 응, 전부 가져 가.

⇨ かわいい 귀엽다 | ぜんぶ(全部) 전부, 모두 | いっては いく(가다)의 연결형이죠.

A: あしたは おこづかいを もらいます。

B: まだ おやに おこづかいを もらっているんですか。

A: 내일은 용돈을 받습니다.
B: 아직도 부모님한테 용돈을 받고 있습니까?

⇨ こづかい 용돈 | おや(親) 부모

38 まつ〔기다리다〕

기다리다	ま+(	)	まつ
기다렸다	ま+(	)	まった
기다리지 않는다	ま+(	)	またない
기다리지 않았다	ま+(	)	またなかった
기다립니다	ま+(	)	まちます
기다렸습니다	ま+(	)	まちました
기다립니까	ま+(	)	まちますか
기다렸습니까	ま+(	)	まちましたか
기다리지 않습니다	ま+(	)	まちません
기다리지 않았습니다	ま+(	)	まちませんでした
기다리지 않겠습니까	ま+(	)	まちませんか
기다리지 않았습니까	ま+(	)	まちませんでしたか
기다리고	ま+(	)	まって
기다리는 곳	ま+(	)	まつところ
기다리면	ま+(	)	まてば
기다려야지	ま+(	)	まとう
기다려	ま+(	)	まて

A: ここで まとう。

B: いえの なかで まてば いいのに。

A: 여기서 기다리자.
B: 집안에서 기다리면 될 텐데.

A: おそいですね、もう すこし まちますか。

B: いちじかんだけ まってみましょう。

A: 늦는군요, 조금 더 기다리겠습니까?
B: 한 시간만 기다려 봅시다.

⇨ おそい(遅い) 늦다, 느리다 | だけ -뿐, 만 | みましょう 봅시다(みる+しょう)
しょうは 동사의 ます형에 연결됩니다. | たべましょう 먹읍시다,
のみましょう 마십시다.

A: ちょっと まってください。

B: いや。 またない。

A: 잠깐 기다려 주세요.
B: 싫어. 안 기다려.

A: きのうは どれぐらい まちましたか。

B: あめの なかで にじかんも まちました。

A: 어제는 얼마나 기다렸습니까?
B: 빗속에서 2시간이나 기다렸습니다.

⇨ どれ(어느 것) | ぐらい(정도) | あめ(雨) 비 | にじかん(二時間) 2시간

123

はなす〔얘기하다〕

얘기하다	はな + (	)	はなす
얘기했다	はな + (	)	はなした
얘기하지 않는다	はな + (	)	はなさない
얘기하지 않았다	はな + (	)	はなさなかった
얘기합니다	はな + (	)	はなします
얘기했습니다	はな + (	)	はなしました
얘기합니까	はな + (	)	はなしますか
얘기했습니까	はな + (	)	はなしましたか
얘기하지 않습니다	はな + (	)	はなしません
얘기하지 않았습니다	はな + (	)	はなしませんでした
얘기하지 않겠습니까	はな + (	)	はなしませんか
얘기하지 않았습니까	はな + (	)	はなしませんでしたか
얘기하고	はな + (	)	はなして
얘기하는 곳	はな + (	)	はなすところ
얘기하면	はな + (	)	はなせば
얘기해야지	はな + (	)	はなそう
얘기해라	はな + (	)	はなせ

A: はやく はなして ください。

B: しりたいですか。 でも わたしは はなしません。

A: 빨리 얘기해 주세요.
B: 알고 싶습니까? 하지만 저는 얘기 안 합니다.

A: おとうさんに なにを はなしましたか。

B: こわくて なにも はなしませんでした。

A: 아버지에게 무엇을 얘기했습니까?
B: 무서워서 아무 것도 얘기하지 않았습니다.

⇨ おとうさん(お父さん) 아버지 | こわくて는 こわい(恐い: 무섭다)의
연결형(て형)입니다.

A: いまは いそがしいから あとで はなそう。

B: わたしは はなすことが ない。

A: 지금은 바쁘니까 나중에 얘기하자.
B: 나는 얘기 할 게 없어.

⇨ いま(今) 지금 | いそがしい(忙しい) 바쁘다 | あとで(後で) 나중에

A: かれに ほんとうの きもちを はなした?

B: どう はなせば いいか わからない。

A: 그에게 진심을 얘기했어?
B: 어떻게 얘기하면 좋을지 모르겠어.

⇨ きもち(気持ち) 마음, 기분, 감정 | いいか 좋을지
わからない는 わかる(이해하다, 알다)의 부정형입니다.

40 はしる〔달리다〕

달리다	はし + (	)	はしる
달렸다	はし + (	)	はしった
달리지 않는다	はし + (	)	はしらない
달리지 않았다	はし + (	)	はしらなかった
달립니다	はし + (	)	はしります
달렸습니다	はし + (	)	はしりました
달립니까	はし + (	)	はしりますか
달렸습니까	はし + (	)	はしりましたか
달리지 않습니다	はし + (	)	はしりません
달리지 않았습니다	はし + (	)	はしりませんでした
달리지 않겠습니까	はし + (	)	はしりませんか
달리지 않았습니까	はし + (	)	はしりませんでしたか
달리고	はし + (	)	はしって
달리는 곳	はし + (	)	はしるところ
달리면	はし + (	)	はしれば
달려야지	はし + (	)	はしろう
달려라	はし + (	)	はしれ

A: どこまで はしりますか。

B: あの そらまで はしります。

A: 어디까지 뜁니까?
B: 저 하늘까지 뜁니다.

⇨ そら(空: 하늘) まで(까지) 하늘까지

A: きょうも ごはん たべた あと はしる?

B: あしが いたいから きょうは はしらない。

A: 오늘도 밥 먹고 난 후에 뛸래?
B: 다리가 아파서 오늘은 안 뛸래.

⇨ ごはん(ご飯) 밥 | あし(足) 발 | いたい(痛い) 아프다

A: かいしゃまで はしりませんか。

B: いまは はしる ちからが ありません。

A: 회사까지 뛰지 않을래요?
B: 지금은 뛸 힘이 없습니다.

⇨ かいしゃ(会社) 회사 | ちから(力) 힘

A: ここまで はしって きたの?

B: うん、バスが なかったから はしって きた。

A: 여기까지 뛰어왔어?
B: 응, 버스가 없어서 뛰어왔어.

⇨ きたの는 くる(오다) 동사의 과거형 きた에 의문종결형 の가 붙었네요.

듣다	き + (	)	きく
들었다	き + (	)	*きいた
듣지 않는다	き + (	)	きかない
듣지 않았다	き + (	)	きかなかった
듣습니다	き + (	)	ききます
들었습니다	き + (	)	ききました
듣습니까	き + (	)	ききますか
들었습니까	き + (	)	ききましたか
듣지 않습니다	き + (	)	ききません
듣지 않았습니다	き + (	)	ききませんでした
듣지 않겠습니까	き + (	)	ききませんか
듣지 않았습니까	き + (	)	ききませんでしたか
듣고	き + (	)	*きいて
듣는 곳	き + (	)	きくところ
들으면	き + (	)	きけば
들어야지	き + (	)	きこう
들어라	き + (	)	きけ

A: かれから　なにか　きいた？

B: ううん、　なにも　きかなかった。

A: 그에게서 무슨 말 들었어?
B: 아니, 아무 말도 못 들었어.

A: おんがくは　なにを　ききますか。

B: たまに　にほんの　うたを　ききます。

A: 음악은 무엇을 듣습니까?
B: 가끔 일본 노래를 듣습니다.

⇨ おんがく(音楽) 음악 | にほん(日本) 일본 | うた(歌) 노래

A: しけんのこと　ききましたか。

B: まだ　なにも　きいていません。

A: 시험에 대해 들었습니까?
B: 아직 아무 것도 못 들었습니다.

⇨ しけん(試験) 시험 | こと(事) 일, 것, 주로 ~에 관한 것을 말할 때 씁니다.
　 あなたのこと(당신에 관한 것) が すき! 당신이 좋아

A: これ、　きいて　みよう。

B: それは　うちに　かえって　きけば　いいでしょう。

A: 이거, 들어보자.
B: 그것은 집에 가서 들으면 되잖아.

⇨ かえっては かえる(돌아오다)의 て형, 이 동사는 생김새로는 2그룹동사지만 활용은
　 1그룹동사형에 속하는 좀 튀는 놈입니다.

---

* 이 동사도 튀고 싶은 녀석이군요. 앞에서도 한 번 나왔죠. 과거형의 경우 きった가 아니라 きい
た, 연결형일 때 きって가 아니라 きいて가 된다는 것 꼭 외우세요.

Check Time

1. 동사의 활용형태를 적어보세요.

받지 않는다 　　　　 もら + □□□

기다리면 　　　　　 ま + □□

얘기했습니다 　　　 はな + □□□□

달리고 　　　　　　 はし + □□

들었다 　　　　　　 き + □□

2. 다음의 대화들을 보고 ( ) 안에 적당한 말을 넣으세요.

A: かわいい。これ（　　　　　　　　　）いい?

B: うん。ぜんぶ もって いって。

　　A: 귀엽다. 이것 가져도 돼?
　　B: 응, 전부 가져 가.

A: ちょっと まってください。

B: いや。（　　　　　　　）。

　　A: 잠깐 기다려 주세요.
　　B: 싫어. 안 기다려.

A: いまは いそがしいから あとで（　　　　　　　）。

B: わたしは はなすことが ない。

A: 지금은 바쁘니까 나중에 얘기하자.
B: 나는 얘기 할 것이 없어.

A: きょうも ごはん たべた あと はしる?

B: あしが いたいから きょうは（　　　　　　　）。

A: 오늘도 밥 먹고 난 후에 뛸래?
B: 다리가 아파서 오늘은 안 뛸래.

A: しけんのこと ききましたか。

B: まだ なにも（　　　　　　）いません。

A: 시험에 대해 들었습니까?
B: 아직 아무 말도 못 들었습니다.

줄다	へ + (	)	へる
줄었다	へ + (	)	へった
줄지 않는다	へ + (	)	へらない
줄지 않았다	へ + (	)	へらなかった
줍니다	へ + (	)	へります
줄었습니다	へ + (	)	へりました
줍니까	へ + (	)	へりますか
줄었습니까	へ + (	)	へりましたか
줄지 않습니다	へ + (	)	へりません
줄지 않았습니다	へ + (	)	へりませんでした
줄지 않겠습니까	へ + (	)	へりませんか
줄지 않았습니까	へ + (	)	へりませんでしたか
줄어서	へ + (	)	へって
주는 곳	へ + (	)	へるところ
줄면	へ + (	)	へれば
줄여야지	へ + (	)	へらそう(삭제)
줄여라	へ + (	)	へらせ(삭제)

A: よるは くるまが へりますか。

B: くるまは へりますが、ひとは へりません。

A: 밤에는 자동차가 줍니까?
B: 자동차는 줍니다만, 사람은 줄지 않습니다.

⇨ よる(夜) 밤, よのなか는 밤중을 뜻합니다.

A: どうして たいじゅうが へりましたか。

B: おさけを やめたら たいじゅうが へりました。

A: 왜 몸무게가 줄었습니까?
B: 술을 끊었더니 몸무게가 줄었습니다.

⇨ たいじゅう(体重) 체중, 몸무게 | やめたら는 2그룹동사 やめる(그만두다)와
たら(한다면)가 결합된 것입니다.

A: くちの へらない やつだ。

B: あっかんべー。

A: 순 억지만 부리는 놈이다.
B: 재수 없어.

⇨ くちが へらない 억지 쓰다 | やつ 녀석, 놈
あかんべ 경멸이나 거부 등을 나타냄.

A: はらへった。なにか たべよう。

B: わたしも おなか すいた。

A: 배고프다, 뭐 먹자.
B: 나도 배가 고프다.

⇨ はら(腹)(が) へる 배가 고프다(주로 남자가 사용) | おなか 배
すいた는 すく(空く: 허기지다)의 과거형으로 배가 고플 때 쓰는 표현입니다..

하다	や+ (	)	やる
했다	や+ (	)	やった
하지 않는다	や+ (	)	やらない
하지 않았다	や+ (	)	やらなかった
합니다	や+ (	)	やります
했습니다	や+ (	)	やりました
합니까	や+ (	)	やりますか
했습니까	や+ (	)	やりましたか
하지 않습니다	や+ (	)	やりません
하지 않았습니다	や+ (	)	やりませんでした
하지 않겠습니까	や+ (	)	やりませんか
하지 않았습니까	や+ (	)	やりませんでしたか
하고	や+ (	)	やって
하는 곳	や+ (	)	やるところ
하면	や+ (	)	やれば
해야지	や+ (	)	やろう
해라	や+ (	)	やれ

A: これも やって。

B: じぶんで やれば はやく おわるでしょう。

A: 이것도 해줘.
B: 자신이 하면 빨리 끝날텐데.

⇨ やっては やる(하다)의 て형으로 가볍게 명령하는 뉘앙스가 있습니다.
じぶん(自分) 자기 자신

A: これも やらない?

B: おもしろそうね。 やろう、やろう。

A: 이것도 하지 않을래?
B: 재미있겠다. 하자 하자.

⇨ おもしろそうは おもしろい(재미있다)에 そう(-인 것 같다)가 결합된 형태입니다.
형용사의 어미 い가 빠지고 そう가 붙었다고 생각하세요. 뜻은 "재미있을 것 같다"겠
죠. 그럼 "맛있겠다"는? おいしそうだ.

A: きのうは なにを しましたか。

B: あたまが いたくて なにも やりませんでした。

A: 어제는 무엇을 했습니까?
B: 머리가 아파서 아무 것도 하지 않았습니다.

⇨ あたま(頭: 머리)が いたい(痛い: 아프다) 골치 아프다

A: あした なに する?

B: べつに やること ない。

A: 내일 뭐 할 거야?
B: 별로 할 거 없어.

44 よむ 〔읽다〕

읽다	よ + (	)	よむ
읽었다	よ + (	)	*よんだ
읽지 않는다	よ + (	)	よまない
읽지 않았다	よ + (	)	よまなかった
읽습니다	よ + (	)	よみます
읽었습니다	よ + (	)	よみました
읽습니까	よ + (	)	よみますか
읽었습니까	よ + (	)	よみましたか
읽지 않습니다	よ + (	)	よみません
읽지 않았습니다	よ + (	)	よみませんでした
읽지 않겠습니까	よ + (	)	よみませんか
읽지 않았습니까	よ + (	)	よみませんでしたか
읽고	よ + (	)	*よんで
읽는 곳	よ + (	)	よむところ
읽으면	よ + (	)	よめば
읽어야지	よ + (	)	よもう
읽어라	よ + (	)	よめ

136

A: バスの なかで なにを よみますか。

B: わたしは まんがを よみます。

A: 버스 안에서 무엇을 읽습니까?
B: 저는 만화책을 읽습니다.

➪ まんが(漫画) 만화

A: きょうの しんぶんを よみましたか。

B: じかんが なくて よむことが できませんでした。

A: 오늘 신문 읽었습니까?
B: 시간이 없어서 읽지 못했습니다.

➪ しんぶん(新聞) 신문 | よむことが できませんでした는 동사 원형에 ことが できる
(-할 수 있다)라는 가능형 표현이 붙은 것입니다. 위의 문장은 과거부정형이죠.

A: この ほん もう よんだ?

B: まだ ぜんぶは よんで いない。

A: 이 책 벌써 읽었어?
B: 아직 전부 다 읽지는 못했어.

➪ ぜんぶ(全部) 전부, 모두 | よんで いない라고 하면 아직 못 읽었다는 말이고,
よまない라고 하면 읽지 않겠다는 말입니다.

A: この かんじ どう よむの?

B: あいと よめば いいよ。

A: 이 한자 어떻게 읽어?
B: あい(사랑)라고 읽으면 돼.

➪ かんじ(漢字) 한자 | あい(愛) 사랑

よぶ〔부르다〕

부르다	よ + (	)	よぶ
불렀다	よ + (	)	*よんだ
부르지 않는다	よ + (	)	よばない
부르지 않았다	よ + (	)	よばなかった
부릅니다	よ + (	)	よびます
불렀습니다	よ + (	)	よびました
부릅니까	よ + (	)	よびますか
불렀습니까	よ + (	)	よびましたか
부르지 않습니다	よ + (	)	よびません
부르지 않았습니다	よ + (	)	よびませんでした
부르지 않겠습니까	よ + (	)	よびませんか
부르지 않았습니까	よ + (	)	よびませんでしたか
부르고	よ + (	)	*よんで
부르는 곳	よ + (	)	よぶところ
부르면	よ + (	)	よべば
불러야지	よ + (	)	よぼう
불러라	よ + (	)	よべ

A: だれが わたしを よびましたか。

B: あの ひとが よびました。

A: 누가 나를 불렀습니까?
B: 저 사람이 불렀습니다.

A: なにか あったら わたしを よんでください。

B: よべば とんで きますか。

A: 무슨 일 있으면 저를 부르세요.
B: 부르면 날아올 거예요?

⇨ あったら는 ある(있다) 동사에 たら(-면)가 붙었습니다. たら는 て형처럼 연결됩니다.
　 きますか는 나중에 배울 3그룹동사 くる(오다)의 과거의문형이죠.

A: あしたは ともだちも よぼう。

B: わたしが もう よんだ。

A: 내일은 친구도 불러야지.
B: 내가 벌써 불렀어.

A: いしゃを よぼうか。

B: よぶひつようは ありません。

A: 의사선생님을 부를까?
B: 부를 필요는 없어요.

⇨ いしゃ(医者) 의사 | ひつよう(必要) 필요

알다	わか+ (	)	わかる
알았다	わか+ (	)	わかった
모른다	わか+ (	)	わからない
몰랐다	わか+ (	)	わからなかった
압니다	わか+ (	)	わかります
알았습니다	わか+ (	)	わかりました
알겠습니까	わか+ (	)	わかりますか
알았습니까	わか+ (	)	わかりましたか
모릅니다	わか+ (	)	わかりません
몰랐습니다	わか+ (	)	わかりませんでした
모릅니까	わか+ (	)	わかりませんか
몰랐습니까	わか+ (	)	わかりませんでしたか
알고	わか+ (	)	わかって
아는 곳	わか+ (	)	わかるところ
알면	わか+ (	)	わかれば
알아라	わか+ (	)	わかれ

A: にばんの もんだいは わかりましたか。

B: むずかしくて よく わかりません。

A: 2번 문제는 알았습니까?
B: 어려워서 잘 모르겠습니다.

↪ にばん(二番) 2번 | もんだい(問題) 문제 | むずかしくては 형용사 むずかしい의
て형이죠. 어미 い를 빼고 くて를 붙이면 되는 거 아시죠?

A: かれの なまえ わかった?

B: きかなかったから わからない。

A: 그의 이름 알았어?
B: 안 물어봐서 몰라.

↪ なまえ(名前) 이름 | きかなかったは きく(묻다)의 과거부정이죠.

A: これは こどもが することでは ありません。

　　わかりましたか。

B: はい、わかりました。

A: 이것은 아이가 할 일이 아닙니다. 알았습니까?
B: 네, 알겠습니다.

↪ する(하다)こと 할 일 | では ありません은 명사를 부정할 때 사용합니다.
はな(꽃)では ありません 꽃이 아닙니다.

A: わかったら おしえてください。

B: わかって いても おしえません。

A: 알면 가르쳐주세요.
B: 알고 있어도 가르쳐 주지 않겠습니다.

↪ おしえてくださいは 2그룹동사 おしえる(教える: 가르치다)에 ください(-주세요)가
연결된 거죠. くださいは 동사의 て형과 연결되죠.

47

*かえる 〔 귀가하다 〕

귀가하다	かえ + (	)	かえる
귀가했다	かえ + (	)	かえった
귀가하지 않는다	かえ + (	)	かえらない
귀가하지 않았다	かえ + (	)	かえらなかった
귀가합니다	かえ + (	)	かえります
귀가했습니다	かえ + (	)	かえりました
귀가합니까	かえ + (	)	かえりますか
귀가했습니까	かえ + (	)	かえりましたか
귀가하지 않습니다	かえ + (	)	かえりません
귀가하지 않았습니다	かえ + (	)	かえりませんでした
귀가하지 않겠습니까	かえ + (	)	かえりませんか
귀가하지 않았습니까	かえ + (	)	かえりませんでしたか
귀가해서	かえ + (	)	かえって
귀가하는 곳	かえ + (	)	かえるところ
귀가하면	かえ + (	)	かえれば
귀가해야지	かえ + (	)	かえろう
귀가해라	かえ + (	)	かえれ

A: きのうは なんじに かえりましたか。

B: よるの いちじに かえりました。

A: 어제는 몇 시에 귀가했습니까?
B: 밤 1시에 들어갔습니다.

A: そろそろ うちへ かえりませんか。

B: さきに かえって ください。

A: 슬슬 집에 들어가지 않겠습니까?
B: 먼저 들어가세요.

⮑ そろそろ 조용히 서서 걷거나 진행시키는 모양, 슬슬

A: おなか すいたけど、いつ かえる?

B: これも おわったから もう かえろう。

A: 배가 고픈데 언제 돌아갈 거야?
B: 이것도 끝났으니까 이제 돌아가자.

⮑ おわった는 おわる(終る: 끝나다)의 과거형이죠. | もう 이제, 곧

A: あの ひとは いつも かえると いって かえらない。

B: じつは かえる ところが ないそうです。

A: 저 사람은 항상 돌아간다고 말하고 돌아가지 않아.
B: 사실은 돌아갈 곳이 없대요.

⮑ ないそうです는 ない(없다)에 전문의 そう(-라고 한다)가 붙었습니다. 원형과 연결됩니다. 앞에서 배운 そう(-인 것 같다) 기억하시나요? 이건 ます형에 연결되죠.

---

* 혹 이 동사는 2그룹동사가 아닌가요?라고 질문하실 분 안 계신가요? 그렇게 질문하는 게 당연합니다. る로 끝났고, る 앞이 え단이니까요. 이 놈 역시 튀고 싶어하는 녀석으로 생김새는 꼭 2그룹동사지만 변하는 형태는 1그룹동사에 속한답니다. 생긴 것과는 다르게 행동하는 놈으로 기억하세요.

Check Time

1. 동사의 활용형태를 적어보세요.

줍니다   へ + ☐☐☐

했다   や + ☐☐

읽었다   よ + ☐☐

부르지 않았다   よ + ☐☐☐☐☐

모릅니다   わか + ☐☐☐☐

귀가했다   かえ + ☐☐

2. 다음의 대화들을 보고 ( ) 안에 적당한 말을 넣으세요.

A: はら（　　　　　）。なにか たべよう。

B: わたしも おなか すいた。

A: 배고프다, 뭐 먹자.
B: 나도 배가 고프다.

A: あした なに する?

B: べつに （　　　　　）こと ない。

A: 내일 뭐 할 거야?
B: 별로 할 거 없어.

A: この かんじ どう よむの?

B: あいと （　　　　　　　　） いいよ。

A: 이 한자 어떻게 읽어?
B: あい(사랑)라고 읽으면 돼.

A: なにか あったら わたしを （　　　　　　　　） ください。

B: よべば とんで きますか。

A: 무슨 일 있으면 저를 부르세요.
B: 부르면 날아올 거예요?

A: これは こどもが することでは ありません。
わかりましたか。

B: はい、（　　　　　　）。

A: 이것은 아이가 할 일이 아닙니다. 알았습니까?
B: 네, 알겠습니다.

A: あの ひとは いつも かえると いって （　　　　　　　　）。

B: じつは かえる ところが ないそうです。

A: 저 사람은 항상 돌아간다고 말하고 들어가지 않아.
B: 사실은 돌아갈 곳이 없대요.

1그룹 동사까지 마치신 여러분 정말 수고 많으셨습니다. 일본어에서 동사의 가장 많은 부분을 차지하는 게 바로 1그룹 동사군입니다. 이제 일본어 동사의 99.9%를 배운 거나 마찬가지입니다. 여기서 간단히 가능형 만들기에 대해 짚고 넘어가겠습니다. 2그룹 동사에서처럼 "동사원형 + ことができる"로 가능형을 만들 수도 있고, 2그룹 동사의 경우 어미를 탈락시키고 그 자리에 "られる"를 넣는 방법도 있었죠. 1그룹의 경우는 어미 앞을 え단으로 바꾼 뒤 る를 붙이는 방법과 る로 끝나는 동사의 경우는 어미를 あ단으로 바꾼 뒤 れる를 붙이는 방법이 있습니다. 2그룹과 마찬가지로 れる가 붙는 경우는 가능 표현은 물론, 수동, 존경, 자발의 표현을 나타내기도 합니다.

あう 만나다
あうことができる (만날 수 있다) → あえる (만날 수 있다)

のむ 마시다
のむことができる (마실 수 있다) → のめる (마실 수 있다)

かえる 돌아가다
かえることができる (돌아갈 수 있다) → かえられる (돌아갈 수 있다)

とる 잡다
とることができる (잡을 수 있다) → とられる (잡을 수 있다)

3그룹동사
(예외동사)

3그룹동사는 말이 그룹이지 이 동사는 딱 두 개(する, くる)밖에 없고, 변하는 형태도 규칙도 없이 제멋대로라 그냥 통째로 외우는 수밖에는 없겠네요. 다행이 두 개밖에 없으니까 애교로 봐줄 수 있겠죠. 일본어에서 정말 많이 등장하는 동사입니다. 읽고 또 읽고 머릿속에 꼭 심어놓으세요. 특히 する의 경우는 "명사+する"의 형태로 많이 쓰이기 때문에 가장 많이 쓰인다고 해도 과언이 아닐 겁니다. 이 경우의 활용은 する와 마찬가지로 활용됩니다. 즉,

> あい(愛)する 사랑하다 → あい + する
> あいして 사랑해서, 사랑하니, 사랑하고
> あいします 사랑합니다
> あいしました 사랑했었습니다.

する처럼 활용된다는 것 기억하세요.

3그룹동사 집합군

する(하다)
くる(오다)

する 〔하다〕

하다	す+ (	)	する
했다	(	)	した
하지 않는다	(	)	しない
하지 않았다	(	)	しなかった
합니다	(	)	します
했습니다	(	)	しました
하지 않습니다	(	)	しません
하지 않았습니다	(	)	しませんでした
하지 않겠습니까	(	)	しませんか
하지 않았습니까	(	)	しませんでしたか
하고	(	)	して
하는 곳	す+ (	)	するところ
하면	す+ (	)	すれば
해야지	(	)	しよう
해라	(	)	しろ

A: にちようびに なにを しますか。

B: にちようびには りょうりを して、たくさん たべます。

A: 일요일에 무엇을 합니까?
B: 일요일에는 요리를 해서 많이 먹습니다.

⇨ にちようび(日曜日) 일요일 | りょうり(料理) 요리

A: きのうは なにを しましたか。

B: かのじょと デートを しました。

A: 어제는 무엇을 했습니까?
B: 그녀와 데이트를 했습니다.

⇨ かのじょ(彼女) 그녀 | デート(date) 데이트

A: わたしと いっしょに そうじを しませんか。

B: そうじを する ひとが いませんか。

A: 저랑 같이 청소를 하지 않겠습니까?
B: 청소를 할 사람이 없습니까?

⇨ そうじ(掃除) 청소

A: あした なに する？

B: ひさしぶりに デパートで かいものを しよう。

A: 내일 뭐 할 거야?
B: 오랜만에 백화점에서 쇼핑하자.

⇨ ひさしぶり(久しぶり) 오래간만 | デパート department store를 줄여 씀, 백화점
かいもの(買物) 쇼핑

49 くる〔오다〕

오다	く + ( )	くる
왔다	( )	きた
오지 않는다	( )	こない
오지 않았다	( )	こなかった
옵니다	( )	きます
왔습니다	( )	きました
오지 않습니다	( )	きません
오지 않았습니다	( )	きませんでした
오지 않겠습니까	( )	きませんか
오지 않았습니까	( )	きませんでしたか
오고	( )	きて
오는 곳	く + ( )	くるところ
오면	( )	くれば
와라	( )	こい

A: そうじなんか して、だれか きますか。

B: いいえ、だれも きません。

A: (이상하게도) 청소를 다하고 누가 옵니까?
B: 아뇨, 아무도 안 와요.

⇨ なんか 등, 따위 | なんか 등, 따위. これなんか 이 따위

A: だれか きた?

B: うん、ともだちが きてる。

A: 누군가 왔어?
B: 응, 친구가 와 있어.

⇨ きてる는 きている의 준말로 い가 생략된 거 아시죠?

A: おとうとは こなかったの?

B: うん、くれば よかったんだけど。

A: 남동생은 안 왔어?
B: 응, 왔으면 좋았을 텐데.

⇨ おとうと(弟) 남동생 | よかったんだけど는 よい(좋다)의 과거형 よかった(좋았다)에
   회화체의 ん과 だけど(-지만, 텐데)가 붙은 형태입니다.

A: あしたは いもうとも きますか。

B: いもうとは こないと いっています。

A: 내일은 여동생도 옵니까?
B: 여동생은 오지 않는다고 합니다.

⇨ いもうと(妹) 여동생

Check Time

1. 동사의 활용형태를 적어보세요.

했다   ☐☐

하면   す + ☐☐

해라   ☐☐

오지 않는다   ☐☐☐

오고   ☐☐

오면   ☐☐☐

2. 다음의 대화들을 보고 ( ) 안에 적당한 말을 넣으세요.

A: にちようびに なにを しますか。

B: にちようびには りょうりを (   )、

たくさん たべます。

A: 일요일에 무엇을 합니까?
B: 일요일에는 요리를 해서 많이 먹습니다.

A: わたしと いっしょに そうじを（　　　　　　　）。

B: そうじを する ひとが いませんか。

A: 저랑 같이 청소를 하지 않겠습니까?
B: 청소를 할 사람이 없습니까?

A: だれか（　　　　　　　）?

B: うん、ともだちが きてる。

A: 누가 왔어?
B: 응, 친구가 와 있어.

A: おとうとは こなかったの?

B: うん、（　　　　　　）よかったんだけど。

A: 남동생은 오지 않았어?
B: 응, 왔으면 좋았을 텐데.

일본어 실력을
쑥쑥 키워주는 단어들

おもしろい	재미있다
よ	종조사, 자신의 의지나 생각을 표현
なんだ	뭐야?
いっしょ(一緒)に	함께
えいが(映画)	영화
かのじょ(彼女)	그녀
いい	좋다
でしょう	-(이)죠
こども	어린 아이
もの(物)	것, 물건
わたし(私)	나(일인칭)
パン	빵
しまいました	しまう(해버리다)의 공손체, 해버렸다
しょうかい(紹介)	소개
して	する(하다)의 て형(연결형), 하고, 해서, 하니
ても いい	-해도 돼?
おなじだ	마찬가지다
めがね	안경
あたらしい	새롭다
のに	인데, 것으로
ありません	없습니다
かんぺき(完璧)だ	완벽하다
ねむい	졸리다

もう	벌써, 이미
の	종결의문형
さっき	아까, 좀전
ばかり	뿐, 만
したばかり	막 -했다
きのう	어제
め (目)	눈
あかい (赤い)	빨갛다
ひとばん	하룻밤
なおります	회복됩니다
かいしゃ	회사
で	~에서, 장소를 나타내는 조사
ときどき	때때로
すみません	미안합니다, 실례합니다, 고맙습니다
ね (寝)	잠
ふそく (不足)	부족
かみがた	머리형태
かっこいい	멋있다, 주로 남자에게 사용
せいじんしき (成人式)	성인식
とき (時)	-때
たかい (高い)	비싸다
なに	무엇
にあう	어울리다
から	-때문에, -니까
だいじょうぶだ	괜찮다.

きょう(今日)	오늘
も	-도, -랑(조사)
これ	이것
あれ	저것
どんな	어떤
ふく(服)	옷
を	을, 를(목적격 조사)
ください	-해주세요
やりたい	-하고 싶다
です	-입니다
なにも	아무 것도
はがき	엽서
ここ	여기
どこ	어디
はこ	상자
なか(中)	안, 속
おかね(お金)	돈
ただ	공짜, 무료
そんな	그런
たんじょうび(誕生日)	생일
だけど	이지만
くれたら	준다면
あげます	해드리겠습니다
かれし	그, 그이
ひる	점심

ごはん(ご飯)	밥
いそがしかった	바빴다, いそがしい의 과거형
ので	-때문에
にほん(日本)	일본
いぬ(犬)	개
おごる	한 턱 내다
じゃ	그러면(では의 회화체)
まだ	아직
たべてない	먹고 있지 않다(안 먹었다)
にきび	여드름
かっこわるい	멋없다
また	또
いつ	언제
まで	까지
しごと	일
どうして	어째서, 왜
おもいます	생각합니다
はやく	빨리
ちょっと	좀, 잠깐
がまんして	참아, 참고
おとうと	남동생
テレビ	텔레비전
わけがない	-리가 없다
ごきぶり	바퀴벌레
よく	잘, 자주

でんわ(電話)	전화
しらなかった	몰랐다, しる(일다)의 과거부정
あぶない	위험하다
ブレーキ	브레이크
からは	-부터
はじめて	처음으로, 비로서
ちいさい	작다
ひと(人)	사람
おかあさん(お母さん)	엄마, 어머니
おとうさん(お父さん)	아빠, 아버지
ことし(今年)	금년, 올해
たくさん	많이
それじゃ	그러면, 그렇다면(それでは의 회화체)
だいがく(大学)	대학
とうきょう(東京)	동경
こと(事)	일, 것
まもって	지키고
どうぞ	아무쪼록, 부디, 어서
たばこ	담배
いつ	언제
けんこう(健康)	건강
ために	-위해
おさけ(お酒)	술
ても	-해도
がっこう(学校)	학교

ふつか(二日)	이일, 이틀
まえ(前)	전
さいふ	지갑
きましたか	왔었습니까, くる(오다)의 공손과거의문
うち(家)	집
わすれなくて	잊지 않고
わすれないで	잊지 마라
かえないで	돌아가지 마라
たべないで	먹지 마라
わるい	나쁘다, 미안하다
そうです	그렇습니다
かこ(過去)	과거
たのしい	즐겁다
たのしく	즐겁게
ことが できる	-할 수 있다(동사원형에 연결)
しけん(試験)	시험
き(木)	나무
から	-로부터
はい	네
さる	원숭이
ボタン	버튼, 단추
さっき(先)	아까, 조금 전
あなた	당신
いちおくえん(一億円)	1억 엔
そんな	그런, もの(物) 것

せんせい (先生)	선생님
やすみ	휴일
だった	-였다
おそい	늦다
けど	-지만
これから	이제부터, 지금부터
ともだち (友達)	친구, 동무
さいきん (最近)	최근
ぜんぜん (全然)	전혀
へや (部屋)	방
こんばん (今晩)	오늘밤
やくそく (約束)	약속
いえ (家)	집
かいたい	사고 싶다
いま	지금
かいしゃ (会社)	회사
おおげんか	큰 싸움
あい (愛)	사랑
してると	하고 있다고
けっきょく (結局)	결국
もらえます	받을 수 있습니다
いって	말하고, 말해서, 말하니
なん	무엇
と	-이라고
うさぎ	토끼

あそびに いく	놀러 가다
パンや	빵 가게, 빵집
さん	-씨
に	-에(조사)
へ	-으로(방향)
あそこ	저기
まって	기다리고
まっていて	기다리고 있어
せっけん	비누
て(手)	손
けさ	오늘 아침
かお(顔)	얼굴
とき(時)	때, 시기
いちご	딸기
ごめん ください	용서하세요, 실례합니다
ズボン	바지
きれい	아름답다, 예쁘다
おかし	과자
しか	-밖에, 뒤에 부정어를 동반
たいせつ(大切)	소중함
に ついて	~에 대해
あまり	너무, 지나치게, 별로, 그다지
わたしのこと	나에 관한 것, 나의 일
むかし(昔)	옛날, 예전
しあわせ	행복

そう	그렇게
しごと(仕事)	일
もう	벌써, 이미
なんじ(何時)	몇 시
すこし	조금
かいぎ(会議)	회의
すぐ	곧, 바로, 즉시
そうじ	청소
まだ	아직
あげたい	주고 싶다
けど	-지만, 그러나, -는데(けれど의 준말)
かわいい	귀엽다, 예쁘다
おれ	나(일인칭, 주로 남자들이 사용)
とても	매우, 대단히
やすい	싸다
てがみ(手紙)	편지
ともだち(友達)	친구
どうやって	어떻게 해서
おして	누르고, 눌러서, 누르니
なまえ(名前)	이름
だけ	만, 뿐
かみ(髪)	머리털
あと(後)	후, 나중
いま(今)	지금, 현재
ないでください	-말아 주세요

きらないで	자르지 말라.
だれ	누구
しっている	알고 있다, 안다
なら	-이면
いくなら	간다면
おいしいなら	맛있으면
きれいなら	예쁘면
みりょくてき(魅力的)	매력적
ほんとう(本当)	정말, 진실
すがた(姿)	모양, 모습
いきている	살아 있다
ふられる	채이다
いぬ(犬)	개
うち(内)	내부, 속, 자기 집
ねこ(猫)	고양이
さっき(先)	아까, 조금 전
えいが(映画)	영화
まで	-까지
あいします	사랑합니다
わかれますか	헤어집니까
は(歯)が たたない	못 당하다, 벅차다
はら(腹)が だつ	화가 나다
くらい	정도, 만큼, 쯤
おおくて	많고
ところ(所)	곳, 장소

そうなると	그렇게 되면
かお(顔)が たつ	체면이 서다
おなじ(同じ)	같음, 동일
こたえ(答え)	대답
よく	잘, 자주
べつに(別に)	별로, 특별히
おもう(思う)	생각하다
どこ	어디
どこか	어딘지
きた	왔다
しお(塩)	소금
えいがかん(映画館)	영화관
せき(席)	자리
メモ	(memo) 메모
かんたん(簡単)	간단
かんたんだ	간단하다
きれいだ	예쁘다
きれいな ひと	예쁜 사람
とし(年)を とる	나이를 먹다
より	-보다
しあわせ(幸せ)	운수, 운, 행복
そつぎょう(卒業)	졸업
かいしゃいん(会社員)	회사원
おおきい(大きい)	크다
おおきな	큰

かわ(川)	강, 하천
に なる	-이 되다
こおり(氷)	얼음
みず(水)	물
バス	버스(bus)
タクシー	택시(taxi)
どっち	어느 쪽
に のる	-를 타다
じてんしゃ(自転車)	자전거
じかん(時間)	시간
ちかてつ(地下鉄)	지하철
でんしゃ(電車)	전차
くるま(車)	차
それとも	그렇지 않으면
あるく(歩く)	걷다, 산책하다
ぎゅうにゅう(牛乳)	우유
こども(子供)	어린 아이
あつい(熱い)	뜨겁다
いっぱい(一杯)	가득
ビール(beer)	맥주
くすり(薬)	약
でも	-라도
いないんですか	없습니까
おもしろい	재미있다
ビデオ	비디오(video)

にもつ(荷物)	화물, 짐
おもい(重い)	무겁다
おもくない	무겁지 않다
だいじょうぶ(大丈夫)	괜찮음, 걱정 없음
ひとり(一人)	한 사람
いけないんですか	안 됩니까
うけとる(受取る)	수취하다, 받다
ではない	-이 아니다
ぜんぶ(全部)	전부, 모두
こづかい	용돈
おや(親)	부모
おそい(遅い)	늦다, 느리다
みましょう	봅시다(みる+しょう)
たべましょう	먹읍시다
のみましょう	마십시다
どれ	어느 것
ぐらい	정도
あめ(雨)	비
こわくて	무서워서
いま(今)	지금
あとで(後で)	나중에
きもち(気持ち)	마음, 기분, 감정
いいか	좋을지
そら(空) まで	하늘까지
あし(足)	발

いたい (痛い)	아프다
かいしゃ (会社)	회사
ちから (力)	힘
きたの	왔어?
おんがく (音楽)	음악
にほん (日本)	일본
うた (歌)	노래
あなたのことが すき	당신이 좋아
かえって	돌아가서, 돌아가니
よる (夜)	밤
よのなか	밤중
たいじゅう (体重)	체중, 몸무게
やめたら	그만두면
くちが へらない	억지 쓰다
やつ	녀석, 놈
あかんべー	경멸이나 거부 등을 나타내는 짓
はら (腹) が へる	배가 고프다 (주로 남자가 사용)
おなか	배
すいた	비었다
じぶん (自分)	자기 자신
おもしろそう	재미있을 것 같다
おいしそうだ	맛있겠다
あたま (頭) が いたい	골치 아프다
まんが (漫画)	만화
しんぶん (新聞)	신문

よむことが できませんでした	읽을 수 없었습니다
よんで いない	못 읽었다
よまない	읽지 않겠다
かんじ(漢字)	한자
あったら	있으면
いしゃ(医者)	의사
ひつよう(必要)	필요
にばん(二番)	2번
もんだい(問題)	문제
むずかしくて	어려워서
きかなかった	묻지 않았다
する こと	할 일.
では ありません	-이 아닙니다
はなでは ありません	꽃이 아닙니다.
おしえてください	가르쳐 주세요
そろそろ	조용히 서서 걷거나 진행시키는 모양, 슬슬
おわった	끝났다
ないそうです	없다고 합니다
にちようび(日曜日)	일요일
りょうり(料理)	요리
かのじょ(彼女)	그녀
デート(date)	데이트
ひさしぶり(久しぶり)	오래간만
デパート	*department store*를 줄여 씀, 백화점
かいもの(買物)	쇼핑

なんか	등, 따위
これなんか	이 따위
きてる	는 와 있다(きている의 준말)
おとうと(弟)	남동생
よかったんだけど	좋았을 텐데
いもうと(妹)	여동생

본문 동사 확인하기

みる(見る)	보다
いる	있다
ねる(寝る)	자다
かえる(変える)	바꾸다
きる(着る)	입다
いれる(入れる)	넣다
くれる	주다
たべる(食べる)	먹다
できる(出来る)	할 수 있다, 생기다
でる(出る)	나오다
かける	걸다
あげる(上げる)	드리다
きめる(決める)	정하다
やめる(止める)	그만두다
わすれる(忘れる)	잊다

おちる(落ちる)	떨어지다
あう(会う)	만나다
ある	있다
いう(言う)	말하다
いく(行く)	가다
あらう(洗う)	씻다
うる(売る)	팔다
おもう(思う)	생각하다
おわる(終る)	끝나다
かう(買う)	사다
かく(書く)	쓰다
きる(切る)	자르다
しる(知る)	알다
しぬ(死ぬ)	죽다
たつ(立つ)	서다
ちがう(違う)	다르다
とる(取る)	잡다
なる	되다
のる(乗る)	타다
のむ(飲む)	마시다
もつ(持つ)	갖다
もらう	받다
まつ(待つ)	기다리다
はなす(話す)	이야기하다
はしる(走る)	달리다

きく(聞く)	듣다
へる(減る)	줄다
やる	하다
よむ(読む)	읽다
よぶ(呼ぶ)	부르다
わかる(分る)	이해하다
かえる(帰る)	돌아가다
する	하다
くる(来る)	오다

많이 쓰는 い형용사

かわいい	귀엽다, 예쁘다
いそがしい	바쁘다
いたい	아프다
うつくしい	아름답다
こわい	무섭다
おおきい	크다
ちいさい	작다
みじかい	짧다
たかい	높다, 비싸다
やすい	싸다
ひくい	낮다
おおい	많다

すくない	적다
あぶない	위험하다
えらい	훌륭하다, 위대하다
くさい	냄새나다(나쁜 냄새)
におい	향기 나다(좋은 냄새)
すずしい	시원하다
あつい	뜨겁다
あたたかい	따뜻하다
つめたい	차갑다
ねむい	졸리다
ふかい	깊다
はずかしい	부끄럽다
ほしい	탐나다, 갖고 싶다
むずかしい	어렵다
やさしい	쉽다, 상냥하다
あたらしい	새롭다
ふるい	오래되다
うれしい	기쁘다
かなしい	슬프다
おもしろい	재미있다
つまらない	시시하다
あまい	달다
にがい	쓰다
あかるい	밝다, 명랑하다
くらい	어둡다

ひろい	넓다
せまい	좁다
めずらしい	드물다
さみしい	쓸쓸하다
きびしい	엄격하다
うるさい	시끄럽다
すごい	굉장하다

많이 쓰는 な형용사

きれいだ	아름답다, 예쁘다
すきだ	좋아하다
きらいだ	싫어하다
だいじょうぶだ	괜찮다
ほんとうだ	정말이다
ほんきだ	진심이다
けっこうだ	좋다, 훌륭하다
だくさんだ	많다
まじめだ	성실하다
こんなんだ	곤란하다
むだだ	쓸데없다
しずかだ	조용하다
ぐうぜんだ	우연이다
めいわくだ	번거롭다, 폐를 끼치다

にぎやかだ	번화하다
はでだ	화려하다
りっぱだ	훌륭하다
けんこうだ	건강하다

꼭 알아야 할 숫자들

いち(一)	1
に(二)	2
さん(三)	3
し, よん(四)	4
ご(五)	5
ろく(六)	6
しち, なな(七)	7
はち(八)	8
く, きゅう(九)	9
じゅう(十)	10
じゅういち(十一)	11
じゅうに(十二)	12
にじゅう(二十)	20
さんじゅう(三十)	30
よんじゅう(四十)	40
ごじゅう(五十)	50
ひゃく(百)	100

にひゃく (二百)	200
さんびゃく (三百)	300
よんひゃく (四百)	400
ごひゃく (五百)	500
せん (千)	1,000
いちまん (一万)	10,000
なんじゅう (何十)	몇 십
なんびゃく (何百)	몇 백
なんぜん (何千)	몇 천
なんまん (何万)	몇 만
ひとつ (一つ)	하나
ふたつ (二つ)	둘
みっつ (三つ)	셋
よっつ (四つ)	넷
いつつ (五つ)	다섯
むっつ (六つ)	여섯
ななつ (七つ)	일곱
やっつ (八つ)	여덟
ここのつ (九つ)	아홉
とお (十)	열
いくつ	몇

いちがつ(一月)	1월
にがつ(二月)	2월
さんがつ(三月)	3월
しがつ(四月)	4월
ごがつ(五月)	5월
ろくがつ(六月)	6월
しちがつ(七月)	7월
はちがつ(八月)	8월
くがつ(九月)	9월
じゅうがつ(十月)	10월
じゅういちがつ(十一月)	11월
じゅうにがつ(十二月)	12월
なんがつ(何月)	몇 월

ついたち(一日)	1일, 초하루
ふつか(二日)	2일, 이틀
みっか(三日)	3일, 사흘
よっか(四日)	4일, 나흘
いつか(五日)	5일, 닷새
むいか(六日)	6일, 엿새
なのか(七日)	7일, 이레
ようか(八日)	8일, 여드레
ここのか(九日)	9일, 아흐레

とうか(十日)	10일, 열흘
じゅうよっか(十四日)	14일
はつか(二十日)	20일
にじゅうよっか(二十四日)	24일
なんにち(何日)	며칠

계절 · 요일 · 시제 · 개월

はる(春)	봄
なつ(夏)	여름
あき(秋)	가을
ふゆ(冬)	겨울

げつようび(月曜日)	월요일
かようび(火曜日)	화요일
すいようび(水曜日)	수요일
もくようび(木曜日)	목요일
きんようび(金曜日)	금요일
どようび(土曜日)	토요일
にちようび(日曜日)	일요일
なんようび(何曜日)	무슨 요일

시제/단위	日(ひ)날	週(しゅう)주	月(つき)달	年(とし)해
과거	おととい (一昨日) 그저께	せんせんしゅう (先々週) 지지난주	せんせんげつ (先々月) 지지난달	おととし(一昨年) いっさくねん 재작년
	きのう(昨日) 어제	せんしゅう(先週) 지난주	せんげつ(先月) 지난달	さくねん(昨年) きょねん(去年) 작년
현재	きょう(今日) 오늘	こんしゅう(今週) 이번 주	こんげつ(今月) 이번 달	ことし(今年) 올해, 금년
미래	あした, あす(明日) 내일	らいしゅう(来週) 다음주	らいげつ(来月) 다음달	らいねん(来年) 내년
	あさって (明後日) 모레	さらいしゅう (再来週) 다다음주	さらいげつ (再来月) 다다음달	さらいねん (再来年) 내후년
언제나	まいにち(毎日) 매일	まいしゅう(毎週) 매주	まいげつ(毎月) まいつき 매월, 매달	まいねん(毎年) まいとし 매년

いっかげつ(一ヶ月)	1개월
にかげつ(二ヶ月)	2개월
さんかげつ(三ヶ月)	3개월
よんかげつ(四ヶ月)	4개월
ごかげつ(五ヶ月)	5개월
ろっかげつ(六ヶ月)	6개월
ななかげつ(七ヶ月)	7개월
はっかげつ(八ヶ月)	8개월
きゅうかげつ(九ヶ月)	9개월
じゅっかげつ(十ヶ月)	10개월

じゅういっかげつ(十一ヶ月)	11개월
じゅうにかげつ(十二ヶ月)	12개월
なんかげつ(何ヵ月)	몇 개월

시간(時) · 분(分)

いちじ(一時)	1시
にじ(二時)	2시
さんじ(三時)	3시
よじ(四時)	4시
ごじ(五時)	5시
ろくじ(六時)	6시
しちじ(七時)	7시
はちじ(八時)	8시
くじ(九時)	9시
じゅうじ(十時)	10시
じゅういちじ(十一時)	11시
じゅうにじ(十二時)	12시
なんじ(何時)	몇 시

いっぷん(一分)	1분
にふん(二分)	2분
さんぷん(三分)	3분
よんぷん(四分)	4분

ごふん（五分）	5분
ろっぷん（六分）	6분
ななふん（七分）	7분
はっぷん（八分）	8분
きゅうふん（九分）	9분
じゅっぷん（十分）	10분
にじゅっぷん（二十分）	20분
さんじゅっぷん（三十分）	30분
よんじゅっぷん（四十分）	40분
ごじゅっぷん（五十分）	50분
なんぷん（何分）	몇 분

사람(人) · 횟수

ひとり（一人）	한 사람
ふたり（二人）	두 사람
さんにん（三人）	세 사람
よにん（四人）	네 사람
ごにん（五人）	다섯 사람
ろくにん（六人）	여섯 사람
しちにん（七人）	일곱 사람
はちにん（八人）	여덟 사람
きゅうにん（九人）	아홉 사람
じゅうにん（十人）	열 사람

なんにん(何人)	몇 사람

いっかい(一回)	1번
にかい(二回)	2번
さんかい(三回)	3번
よんかい(四回)	4번
ごかい(五回)	5번
ろっかい(六回)	6번
ななかい(七回)	7번
はちかい(八回)	8번
きゅうかい(九回)	9번
じゅっかい(十回)	10번
なんかい(何回)	몇 번

장(얇고 납작한 것) · 병, 자루

いちまい(一枚)	1장
にまい(二枚)	2장
さんまい(三枚)	3장
よんまい(四枚)	4장
ごまい(五枚)	5장
ろくまい(六枚)	6장
ななまい(七枚)	7장
はちまい(八枚)	8장

きゅうまい (九枚)	9장
じゅうまい (十枚)	10장
なんまい (何枚)	몇 장

いっぽん (一本)	1병, 1자루
にほん (二本)	2병, 2자루
さんぼん (三本)	3병, 3자루
よんほん (四本)	4병, 4자루
ごほん (五本)	5병, 5자루
ろっぽん (六本)	6병, 6자루
ななほん (七本)	7병, 7자루
はっぽん (八本)	8병, 8자루
きゅうほん (九本)	9병, 9자루
じゅっぽん (十本)	10병, 10자루
なんぼん (何本)	몇 병, 몇 자루

	우리 가족	남의 가족
할아버지	そふ (祖父)	おじいさん
할머니	そぼ (祖母)	おばあさん
아버지	ちち (父)	おとうさん (お父さん)
어머니	はは (母)	おかあさん (お母さん)
형, 오빠	あに (兄)	おにいさん (お兄さん)
누나, 언니	あね (姉)	おねえさん (お姉さん)
남동생	おとうと (弟)	おとうとさん (弟さん)
여동생	おもうと (妹)	いもうとさん (妹さん)
형제	きょうだい (兄弟)	ごきょうだい (ご兄弟)
남편	おっと (夫)	だんなさま
아내	つま (妻)	おくさま (奥様)
아이	こども (子供)	こどもさん (子供さん)